Christine Kopp

Schlüsselstellen

49 Geschichten aus den Bergen

Illustriert mit Fotomontagen von Alex Luczy

ISBN 978-3-906087-33-7

christine.kopp@tiscali.it
Lektorat: Gaby Funk
Grafik und Satz: Lisa Behmel · www.li-be.ch
Fotomontagen: Alex Luczy · www.alexluczy.ch
Druck: Fischer Print, Münsingen

klimaneutral gedruckt
myclimate.org / natureOffice.ch / CH-152-211860

Mit freundlicher Genehmigung der Neuen Zürcher Zeitung (NZZ) für die Texte, die zwischen 2000 und 2003 in dieser oder ähnlicher Form in der NZZ publiziert wurden.

Für meine Freunde

«Im Grunde sind es immer die Verbindungen mit Menschen,
die dem Leben seinen Wert geben.»
Wilhelm von Humboldt

Inhalt

Schlüsselstellen – sich erinnern und schmunzeln

Die Berge haben es in sich. Vordergründig sind sie nur ein Stück Natur. Die Berge sind weder gütig noch grausam noch gnädig. Sie sind einfach da, wachsen und zerfallen, in zeitlichen Dimensionen, die unsere Vorstellungskraft weit übersteigen. Wir sehen sie als grossartige Gebilde aus Fels, Eis und Schnee oder als wüste Schutthaufen. Wir finden in ihnen Erholung und Ruhe, oft auch Bestätigung. Wenn wir Menschen sie aufsuchen, zeigen die Berge bald, was sie auslösen können: Sie wecken in uns eine ganze Palette von Empfindungen, vom beschaulichen Geniessen über lähmende Angst bis zur unbeschwerten Freude. Sie wirken auf uns bedrohlich und beruhigend, beglückend und betörend.

Sind wir in den Bergen unterwegs, leben wir oft im Hier und Jetzt – entsprechend tiefe Spuren hinterlassen sie in unseren Köpfen und Seelen. Die stärksten Erinnerungen bleiben uns von den Schlüsselstellen: Manchmal handelt es sich dabei tatsächlich um die härtesten Knacknüsse eines Anstiegs, manchmal «nur» um Anekdoten und Episoden, die wir dort oben erleben. Die Schlüsselstellen auf den folgenden Seiten sind solche kleine Geschichten aus den Bergen – selbst erlebte und mir zugetragene. Sie sind es, die wir in den Rucksack packen und mit nach Hause nehmen.

Wenn wir über das unterwegs Erlebte im Nachhinein lächeln können, umso schöner. Ein Schmunzeln über die eigenen Schwächen, die die Berge häufig gnadenlos an den Tag bringen: Denn manchmal wird uns erst viel später klar, wie sehr die Berge an unserem hart erarbeiteten Selbstbewusstsein gekratzt haben, an unserer vermeintlichen Ausgeglichenheit oder mühsam erlernten Geduld – kommen wir dort an unsere Grenzen, lösen sie eine Auseinandersetzung mit uns selbst aus. Sofern wir das zulassen. Und nicht in pathetischer Selbstherrlichkeit versinken, die leider viele Menschen von den Niederungen auch in die Berge tragen.

Viele vergnügliche, fordernde und beschauliche Schlüsselstellen wünscht
Christine Kopp

Badile mit Bruder

In Erinnerung an Ueli

Wir waren ein starkes Team, weil wir einander bestens kannten und vollauf vertrauten, auch wenn wir zwischendurch heftig stritten. Meistens waren wir das unschlagbare «Duo infernale», wie wir uns gerne selbst bezeichneten, die kleine Schwester und der ältere Bruder. Mein Bruder war 25, ich 20 Jahre alt. Wir kletterten beide, und immer wieder mal zusammen. Als der Bruder einen Sommer lang auf einer Alp nahe der italienischen Grenze arbeitete, war das für uns Grund genug, um von dort aus zusammen den Piz Badile über die Südwand zu besteigen.

Von der Kletterei sind wenige Bilder lebendig, geblieben ist aber das Drum und Dran: Im «Älplerlook» (eine Bezeichnung, auf deren Erfindung wir besonders stolz waren) brachen wir auf, angezogen wie auf der Alp im schmutzigen «Küherkittel» und mit groben Bauernhosen voller Mist und Löcher. Und in derselben Ausstattung, aber ausgehungert, beendeten wir die Tour mit einem üppigen Einkauf im Supermercato. «Arrivederci – grazie» steht ganz oben auf dem im Tourenbuch eingeklebten, etwas vergilbten Kassenzettel, und gleich danach folgen «Cinz. Prosecc., Valpolic., Nebbiolo» (aber auch zwei Büchsen Cola light), mit denen wir uns samt Pasta und Pane glückselig auf unsere Puschlaver Alp zurückzogen.

Ein Jahr später wagten wir uns an die Badile-Nordostwand und die berühmte Linie von Cassin. Nach langem Hin und Her plötzlich der Aufbruch – Hals über Kopf: Die Prognosen versprachen noch drei Tage hervorragende Bedingungen, dann würde ein Wettersturz Schnee bis in die Niederungen bringen. So ging es ruck, zuck ab ins Bergell, hinauf in die Hütte und frühmorgens zum Einstieg, wo ich vom konditionsstarken Bruder unaufhörlich und ungeduldig zur Eile angetrieben wurde, um als eine der ersten Seilschaften einsteigen zu können (worauf mich ein Bergführer fragte, was für einen

Schinder ich denn da bei mir hätte). Dann die grossartige, rund dreissig Seillängen lange Kletterei mit wunderschönen Stellen und der berühmten Kaminverschneidung, zu der ich im bereits erwähnten Tourenbuch lakonisch notierte: «Grosser Murks!» Als Bild fest verankert ist das Erlebnis der aus der Ferne spiegelglatt wirkenden Wand, die sich bei der Berührung verwandelte in eine weite, strukturierte Welt aus Plattenfluchten, Verschneidungen, Einbuchtungen – ein faszinierendes Gebilde aus rauem Granit.

Geblieben ist auch die Erinnerung an die Rückkehr: Wir seilten über die Nordkante ab, das Seil verklemmte sich mehrmals, der Bruder fluchte, dann stiegen wir ins Tal ab und fuhren spätabends noch die endlose Strecke zurück nach Hause. Natürlich: dumm und nach sechzehn Stunden Tour nicht ungefährlich … Der Bruder todmüde, die Schwester fuhr nicht Auto, weil sie zuvor den Fiat desselben Bruders zweimal nacheinander zu Schrott gefahren hatte. So hielt sich mein Bruder auf der nachtleeren Autobahn meist an die Mittellinie, um seinen müden Augen einen Fixpunkt zu bieten, worauf wir prompt von der Polizei angehalten wurden, die uns für betrunken hielt. Das waren wir nicht. Nur erschöpft. Und wir mussten dringend heim: Zwei Tage später erwartete den Bruder eine wichtige Prüfung an der Hochschule. Er bestand auch diese. Und drei Tage später war die Nordseite des Badile tief verschneit.

Wir waren um eine Geschichte aus den Bergen reicher. Den Eltern erzählten wir sie etwas später.

Mit Ang Tsering nach Hause

Unser Marsch durch das Khumbu, die Heimat der Sherpas, glich der Heimkehr der Helden aus fernen Landen: Nach langem Aufenthalt im benachbarten Tibet begleiteten wir unseren Sherpa-Freund und Expeditionskoch Ang Tsering nach Hause. Damals, vor bald zwanzig Jahren, gab es noch so gut wie kein Telefon im Everest-Gebiet Nepals. Umso besser funktionierte das Buschtelefon: Die Nachricht von der Heimkehr Ang Tserings eilte uns voraus wie ein Lauffeuer und veranlasste seinen riesigen, rührigen Clan zum Bereitstellen von Unmengen Chang, des berühmt-berüchtigten einheimischen Biers.

Die Folge: Wir wurden überall herzlich begrüsst, zum Trinken eingeladen und gefeiert. Wer jemals ein Trinkritual bei und mit Sherpas erlebt hat, weiss, was das heisst: Das Glas ist nach dem ersten Schluck bereits wieder randvoll nachgefüllt, und bevor man es zum zweiten Schluck ansetzt, wird einem das manchmal herrlich-frische, manchmal flockig-trübe Getränk von den Gastgebern an den Mund geführt und eingeflösst fast wie einer zu stopfenden Gans ... Und so wankten wir tagelang von Dorf zu Dorf durchs Khumbu; mit oft getrübtem Blick für die Berge, mit meist verstimmtem Magen von zu viel Chang, aber immer in Hochstimmung, kichernd und schwatzend.

Aufpassen mussten wir nur, dass uns Ang Tsering nicht abhanden kam – immer wieder wurde er von Bekannten aufgehalten, verschwand lange in einem Haus, und wenn er uns keuchend einholte, war sein Gang noch unsicherer als zuvor. Zwei Dörfer und ein paar Stunden vor dem Kala Pattar, dem «Schwarzen Hügel» gegenüber Everest, Lhotse und Nuptse, zweigte er einmal mehr ab – und war weg. Wir nutzten die Zeit und stiegen gemächlich zu jenem Aussichtsberg auf, der die Grossartigkeit des Gebiets auf spektakuläre Weise von einem einzigen Punkt aus offenbart.

Unvergesslich dann das Wiedersehen mit Ang Tsering: Irgendwann hatte ihn sein schlechtes Gewissen übermannt, und so war er uns in stundenlangem Laufschritt gefolgt. Als er uns beim Abstieg vom Kala Pattar entgegeneilte, schaute er uns vor lauter Beschämung nicht in die Augen; keuchend hauchte er immer wieder «sorry, sorry», bot uns Tee und Kekse an und verkündete dann, in der Lodge etwas weiter unten warteten Pellkartoffeln, die im Sherpa-Land besonders gut schmecken, bereits auf uns. In der Tat standen dann Kartoffeln bereit: Sie hätten durchaus nicht nur für uns zwei, sondern für acht Personen gereicht!

Ang Tsering hatte sich wieder einmal in seiner Fürsorglichkeit übertroffen. Ohne ihn und seine Bekannten und Verwandten wären Reisen ins Reich der Achttausender farbloser – und viel schwieriger. Und ohne sie, die Sherpas und anderen unzähligen Helfer aller Trekkings und Expeditionen, wäre die Geschichte des Bergtourismus und der Bergbesteigungen im Himalaja ganz anders verlaufen.

Matterhorn-Blick

Im August wollen alle aufs Matterhorn. Vor allem, wenn im Juli das Wetter schlecht war. Deshalb gibt es dort dann internationale Konflikte durch Überholmanöver und Gegenverkehr, interne Querelen zwischen zur Eile getriebenen Geführten und routinierten Bergführern sowie hinunterfallende Steine, die oft die Köpfe jener gefährden, die sie nicht ausgelöst haben. Da wir dies alles nicht mögen, verkrümeln wir uns lieber an andere Gipfel. Allerdings kann das Ziel durchaus gleich nebenan stehen: etwa die Dent d'Hérens mit einer italienischen Seite, dem klassischen Westgrat und der vergletscherten Nordseite, die heute wegen der Ausaperung allerdings kaum mehr begangen wird. Als «merkwürdig» wird der 4171 Meter hohe Berg in der Literatur bezeichnet; er präsentiere sich je nach Perspektive als schlanker Kegel oder als breite, vereiste Mauer. Ebenso merkwürdig war unser Aufbruch zum Berg, der früher den seltsamen Namen Mont Tabor trug. Wir waren zu viert: zwei Männer, ein

Bergführer und ich. Vermeintlich gut ausgerüstet, stramm unterwegs durchs heisse Valpelline zum Rifugio Aosta, in dem es trotz Neubau überall an Platz fehlte und die Türen sich zur falschen Seite öffneten – jeder Architekt sollte für einen Winter in die von ihm geplante Hütte verbannt werden!

Beim Aufbruch in der Nacht die Überraschung: Der Bergführer hat die Steigeisen vergessen. Und zudem funktioniert seine Stirnlampe nicht. Andere Steigeisen sind nicht aufzutreiben, also werden dem Besten von uns dreien die Eisen abgeknöpft und dem Bergführer übergeben. Dann fällt die zweite Stirnlampe aus. Der Bergführer, jung, stark und aufbrausend, schäumt vor Wut. Resultat: Wir brechen als Letzte auf, aber mit einem zornigen, von Intuition und Können geleiteten Manöver trickst er alle anderen Seilschaften aus und übernimmt bald die tatsächliche Führung. Wir drei keuchen verblüfft hinterher, hoch auf den Westgrat, weiter über die Flanke, hinüber zum Gipfelgrat – und da geht es vor den Füssen hinunter ins Leere. Ausgesetzt ist es auf diesem Zahn.

Zögernd wagen wir den Blick hinüber zum Matterhorn. Da steht es vor uns, eine dunkle, etwas schiefe Masse, von der Eleganz der berühmten Pyramide ist herzlich wenig zu erkennen. Wir kapieren wieder einmal: Der Standpunkt ist entscheidend für das Bild einer Landschaft. Oder: Manchmal muss man nur die Perspektive verändern, um Neues zu sehen. Und was wollen wir mehr: Am Westgrat der Dent d'Hérens sind wir allein, und im Tal erwarten uns die kulinarischen Freuden des Aostatals. Auch wenn der Blick noch hinüber in die Schweiz geht: Viva l'Italia und die unerwartete Ein- und Aussicht, die wir heute gewonnen haben.

Sagenhaftes Vreneli

Der Glärnisch, König der Glarner Voralpen: 2400 Meter ragen seine von Gras und Schnee durchsetzten Kalkmauern über dem Linthtal empor, 2000 Meter über dem Klöntaler See, und sie wirken von Norden, Osten und Süden vollkommen unzugänglich. Nur im Westen öffnet sich über den flachen Glärnischfirn zwischen den Glärnischgipfeln Ruchen, Bächistock und Vrenelisgärtli ein einfacher Zugang. Hier stieg 1838 der Zürcher Professor Oswald Heer mit drei Glarnern auf den Ruchen und erschauerte ob des Tiefblicks. Dem Vrenelisgärtli stieg man zehn Jahre später aufs Haupt. Dort oben hat das übermütige Vreneli nach der Sage sein Grab gefunden: Trotz aller Warnungen zog es eines Tages mit einem grossen Käsekessel als Regenschutz los, um am Dach des Glärnisch einen Garten anzulegen. Da begann es aber so heftig zu schneien, dass das Mädchen unter der immer schwereren Last seiner Kopfbedeckung zu Boden gedrückt und schliesslich ganz unter dem Schnee verschwand. Seither heisst diese Stelle «Vrenelisgärtli».

Die gewaltige Aussicht vom jäh ins Tal abbrechenden Vrenelisgärtli kann man auch noch an einem schönen Tag im Spätherbst geniessen: Es war der letzte Oktobertag, als wir im wabernden Herbstnebel zur Glärnischhütte aufstiegen, wo bereits die Winterstille eingekehrt war. Als wir am nächsten Tag zum Vrenelisgärtli weitergingen, waren wir allein – und doch: Die fabelhaften Sagenwesen des an Mythen reichen Glarner Landes begleiteten uns, das unheimliche Sennentuntschi, das zutrauliche Füchslein, das unbändige Vreneli … Und inmitten der zerklüfteten, rauen Berge spürten wir die Gegenwart aller göttlichen und teuflischen Kräfte der Natur. Stumm liessen wir sie auf uns wirken, während wir zu den fernen Menschen weit unter uns im Linthtal hinunterschauten, zu denen wir irgendwann wieder zurückkehren würden.

Jahrmarkt in Finale

Wenn die Tage im Norden kalt und kurz werden, dann sehnt man sich nach Ländern, wo die Zitronen gerade reifen. Eine Sehnsucht, die Kletterer im November akut befällt. Und so fliehen sie – für einen Monat zum Bouldern nach Siurana in Spanien, für drei Wochen in die Todra-Schlucht Marokkos, für sechs Wochen Climbing in California, für zwei Monate Kultur und Klettern in Mexiko. Die wenigen, die nicht viel Zeit haben, begnügen sich mit einer Woche Südfrankreich oder ein paar Tagen Finale.

Finale Ligure, unter Eingeweihten ein magischer Begriff, ein Symbol für unzählige knifflige und kraftraubende Klettereien westlich von Savona an der Küste Liguriens. Mit Zustiegen, die vernachlässigbar kurz sind, aber lang werden, wenn man sich in den stachligen Wäldern unter den Felsbrocken – Monte Cucco, Rocca di Perti, Monte Sordo und wie sie alle heissen – verirrt.

Schafft man es an den Fels, wird man mit fingerfressenden Tropflöchern, mit kurzen, gut abgesicherten Routen und athletischen Einstiegen nach Belieben belohnt. Und das alles mit der Vorfreude auf das «Après-Grimpe»: Da ist einmal die Bar Centrale, seit vielen Jahren Anziehungspunkt für alle grossen Kletterer und jene, die es noch werden wollen, für die Cappucci und die Aperitivi, die ebenso zum Sportklettern gehören wie die Fachsimpelei und das Gefühl, dazu zu gehören. Da sind die Pizzerie und Trattorie, um die verlorenen Kalorien doppelt zu ersetzen. Da ist das Geschäft, wo man Auskunft über Neutouren und Kletterschuhe erhält. Und reist man gegen Ende des Jahres nach Finale, kommt man in den Genuss des Jahrmarktes: Hier gibt es eine Achterbahn, Stände, an denen Zitronen, Orangen, Oliven und Honig angeboten werden, und andere, wo man die Kletterhand im geschickten Werfen von Bällen übt.

Finaletto stammt aus einer solchen Bude. Dank elf abgeschossener Büchsen ging er an einem milden Novemberabend am belebten Quai von Finale in unseren Besitz über. Seither begleitet uns der kleine, braune Plüschhund als Maskottchen auf unserem alljährlichen Weg nach Süden.

Schöne Aussichten

Es gibt Felswände, in denen sich das Klettern nur schon lohnt, weil sie einen grossartigen Ausblick bieten. Besonders an schönen, klaren Herbsttagen. Einer jener Orte, zu dem die Seilschaften pilgern, um vor dem Winter nochmals das Gefühl von sonnenwarmem Kalk auf der Haut zu speichern, ist der Hintisberg: Hier sind seit den 1980er Jahren rund sechzig Kletterwege entstanden. Hoch über dem Tal, das sich von Grindelwald nach Zweilütschinen zieht: Damit ist klar, wohin der Blick geht – auf die Riesen des Berner Oberlandes, allen voran Eiger, Mönch und Jungfrau. Am Hintisberg sind die Klettereien steil, oft anspruchsvoll und haben Namen wie «Edelweiss» (der Spezialführer erklärt: «Blumensammeln möglich») oder «Schöne Aussichten» und «Eigerblick». Sie geben noch viel mehr her, als der Name verspricht: Das Panorama ist überwältigend und der Blick auf den Eiger so beeindruckend, dass man sich am Standplatz nur mit Mühe auf das Sichern konzentrieren kann. Treffend schreibt ein Kenner, es gäbe keinen besseren Ort als den Hintisberg, um die Verhältnisse in der Eiger-Nordwand zu studieren!

Allein die Eiger-Nordwand wird heute von über dreissig Anstiegen durchzogen – und macht damit lieblicheren Klettergebieten regelrecht Konkurrenz. Dabei hatte alles ganz anders begonnen: Noch 1850 schrieb der Alpenpionier Gottlieb Studer: «Der Gipfel des Eigers wird von den Thalbewohnern selbst für unersteiglich gehalten. Wirklich spitzt sich der Grat in solcher Schärfe aus, und die Abstürze sind so entsetzlich steil, dass die Möglichkeit eines Hinaufklimmens nicht denkbar ist.» Doch nur acht Jahre später, am 11. August 1858, stand Charles Barrington mit den Bergführern Christian Almer und Peter Bohren auf dem Eiger. Barrington reiste nur dieses einzige Mal in die Schweiz, allerdings mit dem festen Vorsatz, etwas Aussergewöhnliches zu unternehmen. Im Hotel Bären in Grindelwald riet man ihm: «Probieren Sie den

Eiger oder das Matterhorn!» Der Eiger stand vor der Tür, also entschloss sich der unerschrockene Ire kurzerhand für diesen Berg – mit Erfolg! Ein späterer Kommentator meint zu Barringtons Husarenstreich: «Der Mann muss betreffs körperlicher Veranlagung, Furchtlosigkeit, Schwindelfreiheit und rücksichtslosen Unternehmungsgeistes ein draufgängerisches Phänomen gewesen sein, das sogar Christen Almer imponierte und diesen wohl verblüffte. Die beiden Führer waren an solche Unabhängigkeit ihrer Herrschaft nicht gewöhnt ...»

Die Zeiten haben sich geändert. Stellt ein vermögender Gast heute zwei Bergführer für eine Erstbesteigung an, muss er mit ihnen schon mindestens nach Asien oder Amerika reisen. Dort findet er vielleicht einen noch unbestiegenen und zugleich bedeutenden Gipfel, von denen er neue, schöne Aussichten geniessen kann.

Münchner Weihnachten

Es waren ganz andere Festtage, ostalpine sozusagen. Nach dem friedlichen Weihnachtsabend in München mit Weisswürsten, Weissbier und Tannenbaum waren diverse Skitouren am Spitzing und im Karwendel angesagt, den beliebten Naherholungsgebieten der Münchner. Hier gewannen wir Einblicke in eine Art von Skibergsteigen, das wir schlichtweg nicht kannten: So hatten wir zum Beispiel nicht gewusst, dass Skitouren (klassisches Beispiel Rotwand-Reibe, eine wunderschöne Rundtour über dem Schliersee und laut Führer «einst die Lieblingstour der Münchner») streckenweise über normale Skipisten hochführen können, auf denen das Risiko einer Frontalkollision grösser ist als jede Lawinengefahr! Aus dieser Skitourendisziplin resultiert zweifelsohne auch die steile Spuranlage manches bayerischen Skitourengängers, sobald er an grossen westalpinen Bergen unterwegs ist.

Doch was heisst schon «gross»: Das Glücksgefühl beim Spiel mit dem Schnee kann an der kleinen Rotwand (1885 m) genau so intensiv sein wie am Gross Grünhorn! Und am Panorama, an der Unterhaltung und der Verpflegung (Brezen und Weissbier) hatte auch die verwöhnte Schweizer Besucherin nichts auszusetzen – erst recht nicht, als der Ausflug in die Berge noch durch sein Pendant in Münchens schicke Innenstadt ergänzt wurde: Zuerst Bildung, der immer wieder lohnende Besuch des Alpinen Museums des Deutschen Alpenvereins, dann Shopping. Wie locker liess es sich da einkaufen, mit ein paar Dutzend prachtvollen Pulverschwüngen in den Beinen ...

Deshalb waren die Mitbringsel nach einer Skitour diesmal eher von der handfesteren Sorte: ein kurzer schwarzer Rock, die Gesamtaufnahme des «Falstaff», ein Salatbesteck vom Münchner Viktualienmarkt sowie eine saftige Geschwindigkeitsbusse von den deutschen Behörden. Ferner gehörten neu erworbene Kenntnisse über wichtige Bestandteile alpiner Kultur dazu – oder wussten Sie etwa, was eine Brezen-Schneidmaschine ist?

Viertausender mit Wüstenblick

Es regnet im Norden Afrikas. Und zwar ausgerechnet dort, wo wir uns gerade befinden: in Marokko, im Dörfchen Imlil, 65 Kilometer südlich von Marrakesch.

Imlil. Ein Miniatur-Touristenort auf 1740 Metern; seine Männer, freundliche, stämmige Berber, harren in ihren bodenlangen Kapuzenmänteln auf besseres Wetter und geschäftigere Zeiten und schlürfen derweil ein paar Gläser zuckersüssen Pfefferminztee, jenes starke, duftende, hellgrüne Elixier. Die Maultiere ziehen bereits, mit Säcken und Ski beladen, Richtung Neltner-Hütte. Wir folgen ihnen, während der Regen langsam nachlässt, in die auf über 3200 Metern gelegene Unterkunft. Hier, in dieser Gegend des Hohen Atlas, der Klimascheide zwischen der staubtrockenen Sahara und der grünen Hochebene von Marrakesch, werden wir also auf Skitouren gehen. Wir sind hier im Reich des sagenhaften Afrikafirns, der durch die grossen Temperaturunterschiede zwischen Tag und Nacht entsteht. Wir sind in seinem Reich, befahren werden wir ihn aber nur auf einer Länge von zehn Schwüngen am Jebel Toubkal. Bizarr.

Der Jebel Toubkal. 4167 Meter hoch, der krönende Abschluss unserer afrikanischen Skitourentage. Der Aufstieg ist eher steil, der Wind bläst immer, der Schnee ist meist schlecht. Doch der Ausblick genügt, um alle Widrigkeiten zu vergessen: der Blick in die Wüste. In ein unendliches Meer aus roten, braunen und ockerfarbenen Tönen, das sich bis zum Horizont erstreckt. Auch an den Tagen zuvor, von den Gipfeln Ras n'Ouanoukrim und Timesguida, hatte uns diese Aussicht gefesselt. So etwas hatten wir noch nie gesehen. Eine menschenleere Erde, trocken, heiss, durchzogen von ein paar Flüssen, in deren Nähe knallgrüne Felder wie winzige Patchwork-Ecken bis zu uns heraufleuchteten. Faszinierend.

Zurück in Marrakesch, auf der Jemaa el-Fna, sind diese Eindrücke weit weg. Wir beobachten das bunte Treiben auf dem riesigen, berühmten Platz aus der Entfernung, bevor wir den Mut haben, in das Gewusel der Händler, Schlangenbeschwörer, Geschichtenerzähler, Gaukler, Wahrsagerinnen und Musiker einzudringen. In eine schlicht überwältigende Welt des Feilschens und Vergnügens, die hier täglich neu inszeniert wird. Und wenn es eindunkelt, wenn der Muezzin von der nahen Moschee zum letzten Gebet ruft, dann ändert sich die Szenerie: Nun halten die winzigen Garküchen Einzug, nehmen den Platz in Beschlag mit ihren kunstvoll aufgebauten Ständen, wo Gemüse, Fleischspiesse, Schnecken oder Schafsköpfe lauthals angepriesen werden. Ein Fest, ein Rausch … Dass wir eigentlich für Skitouren hierher gekommen sind, haben wir längst vergessen. Dass wir statt Afrikafirn garstigen Harsch vorgefunden haben, beschäftigt uns überhaupt nicht mehr. Unvergesslich wird uns hingegen dieses alle Sinne betäubende Eintauchen in ein Land der Farben, Geräusche und Gerüche bleiben.

Das Kreuz mit dem Kreuzband

Alles neu macht der Mai. Auch Kreuzbänder. Sie reissen bei Alpinisten zum Beispiel dann, wenn diese sich nach vielen Skitouren endlich die Kanten ihrer Ski schleifen lassen. Der Rest ist schnell erzählt: Im steilen Hang (der Berg heisst schliesslich «Wandfluh») beissen sich die scharfen Kanten im Schnee fest, nur eine Bindung löst aus; das eine Knie im Zeitlupentempo verdreht, dann der Sturz, bei dem man von den geplanten Reisen nach Rumänien und zu einem Siebentausender in Pakistan innerlich Abschied nimmt.

Man bleibt liegen. Der Freund kommt, man fleht ihn an, den Ski zu entfernen und teilt ihm jaulend mit, man werde jetzt bewusstlos (der sofort konsultierte Trainings-Pulsmesser zeigt das Abfallen der Herzschläge auf vierzig pro Minute an).

Hausarzt, Spezialist und dann der Bescheid: Operation. Das gerissene Kreuzband wird ersetzt, das angerissene Innenband darf drei Monate vor sich hindümpeln und allein zusammenwachsen. In der «präoperativen» Phase – mental so schwierig wie der Aufstieg auf den Siebentausender – macht man eine frohe Entdeckung: Man ist ausschliesslich von Experten (und Expertinnen) in Sachen Kreuzband umgeben. Die «second opinions» häufen sich zu Dutzenden von Meinungen. Leider stimmen sie selten überein.

Dann endlich: Koffer packen und ab in die renommierte Privatklinik. Hier sind «Kreuzbänder» und «Menisken» unter sich – wobei ein hoher Kundenanteil aus diversen in- und ausländischen Fussballligen stammt. Als Alpinist(in) fühlt man sich in den falschen Film versetzt, plötzlich kann man nicht mehr mitreden. Insgeheim überlegt man sich bei jedem Fussballer, ob man ihn aus der Zeitung kennen sollte. Vorsorglich studiert man die Dankes-Autogrammkarten, die überall in der Klinik hängen, und merkt sich die Namen: Fussballer sind in puncto Verletzungen Wiederholungstäter.

Es folgt die Operation. Sie beginnt mit einem «diagnostischen Rundgang durchs Gelenk», geht weiter mit der «Gelenktoilette» und führt, einen Tag später, zum Kollaps der Patientin. Nachdem sie in der Toilette zusammengeklappt ist, wähnt sie sich in Pakistan. Sphärische Musik umfängt sie, doch statt in dünner Luft zum hohen Gipfel aufzusteigen, findet sie sich an der Sauerstoffflasche hängend im Spitalbett wieder, umgeben von einer Schar Ärzte und Krankenschwestern. Immerhin hat sie sich für die nächste Nacht eine herrliche Morphin-Spritze verdient, die sie endlich auf wahre Höhen bringt.

Kaum sind die Mittelchen ausgeschlafen, beginnt der harte Alltag. Das Zauberwort heisst «Vastus medialis». Ihn, einen Kopf des Oberschenkelmuskels, gilt es sofort zu stärken – erst einmal ein aussichtsloses, mit grösster Verzweiflung verbundenes Unterfangen. So etwa, wenn der Arzt auf Visite sagt: «Spannen Sie!» Im Vastus medialis tut sich nichts, aber innerlich knurrt es: «Spannen Sie doch selbst, mein Lieber!» Welch ein Achtungserfolg, als der Assistenzarzt Tage später ausruft: «Er kommt langsam, hie und da springt er an!» Nach dem Anspringen ist allerdings ein Schmerzpflaster vonnöten; die Nachtschwester meint prosaischer: «Sie kriegen nun den Wickel ...»

Irgendwann ist die Schlüsselstelle geschafft. Wieder daheim, sieht man sich zum Profi aufgestiegen: Die tägliche Trainingsdauer pendelt sich zwischen zweieinhalb und vier Stunden ein. Während die Freunde gestaffelt nach Nepal und Pakistan ausfliegen, die Ski im Sportgeschäft eingesömmert sind und die Berge unverschämt ins Wohnzimmer gleissen, wo der Salonzum Therapietisch umfunktioniert ist, setzt man sich neue, kleine Ziele. Denn der nächste Winter, der kommt bestimmt!

Mit Schwimmbrille auf Skitour

Es war ein Geburtstagsgeschenk in Form einer dreitägigen Skitour. Die Anweisung lautete, neben der üblichen Ausrüstung Schwimmbrille und Badeanzug einzupacken und rechtzeitig am Bahnsteig zu stehen. Und dann ging es los von Spiez Richtung Goppenstein. Bald wurde klar, wohin unsere Wege führen würden: zuerst ins Lötschental, dann via Hockenhorn und Gitzifurgge nach Leukerbad, von hier weiter über Gemmipass, Daubenhorn und Wildstrubel zurück ins Berner Oberland. Eine wunderbare Dreitages-Rundtour, bestens anzugehen mit Bahn und Bus!

Wiler im Lötschental: umsteigen vom Postauto auf Seilbahn und Skilifte, die einen damals bis 500 Höhenmeter unter das Hockenhorn brachten. Der Aufstieg auf den 3293 Meter hohen Berg endete mit dem imposanten Tiefblick ins Gasterntal, bevor es fahrend und steigend zur Gitzifurgge weiterging, am Lötschenpass und nahe an der gigantischen Ostwand des Balmhorns vorbei. Von der Gitzifurgge eine prächtige Pulverabfahrt nach Leukerbad – und da war die Devise klar: ab ins Thermalwasser des Walliser Kurortes! Deshalb musste also der Badeanzug im Rucksack mitgetragen werden ... Welch eine Wonne, sich nach einer Skitour im warmen Wasser zu räkeln, bis die Glieder so richtig locker sind. Ein Genuss, den wir statt der angegebenen zwanzig Minuten auf zwei Stunden ausdehnten.

Dass unsere Glieder nicht nur locker, sondern schlapp waren, erfuhren wir am nächsten Tag, als wir vom Gemmipass durch Pulverschnee hoch spurten – die Beine schienen vom ausgiebigen Baden sämtlicher Muskeln beraubt ... Und doch schafften wir es aufs Daubenhorn, von dessen Gipfel man direkt nach Leukerbad hinunter zu kippen droht. Noch eine Übernachtung auf der Gemmi und dann weiter zum Wildstrubel: Als krönender Abschluss war die Abfahrt durch das steile Ammertentäli nach Lenk vorgesehen. Hier, und nur hier, hatte aber ein Wind gewütet, der den Pulver in einen beeindruckenden Bruchharsch verwandelt hatte – und so wurde aus der Prachtsabfahrt über 2140 Höhenmeter lediglich ein hervorragender Test für das ein paar Monate zuvor operierte Knie.

Geburtstag haben wir nur einmal im Jahr. Also müssen wir uns selber lieb genug sein, um immer wieder andere Gelegenheiten für solche Überraschungsausflüge zu erfinden. Und damit aus der «normalen» Tour das unvergessliche Erlebnis zu machen. Es sei in aller Deutlichkeit gesagt: Etwas mehr Fantasie würde jedem verbissenen Bergsteiger gut tun!

Wiederholungstäter

Manche Alpinisten kennen das Phänomen: Es gibt Berge, die einen öfter abweisen. Für die man etliche Anläufe braucht, bis man vielleicht einmal ihren höchsten Punkt erreicht. Und das muss nicht der Everest sein, an dem einzelne Dickköpfe sechs, sieben Versuche unternehmen, ohne je oben zu stehen. Es kann auch ein Drei- oder Viertausender sein, wo das Wetter jeweils genau dann schlecht wird, wenn man gerade dorthin unterwegs ist. Oder schon schlecht ist, wenn man noch daheim sitzt und zur geplanten Tour aufbrechen will.

Neben diesen notorischen Verweigerern gibt es aber auch jene dankbaren Erhebungen, an die man immer wieder zurückkehrt: Dazu zählen – nomen est omen – «Hausberge», die mit wenig Aufwand erreicht werden können. Wenn man solche Berge mehrere, viele, ja unzählige Male angeht, läuft man schnell Gefahr, ausgelacht zu werden: Von jenen Jäger- und Sammler-Typen, die den Reiz des Gleichen, das immer anders ist, nicht verstehen können.

Nehmen wir einmal das Bäderhorn zwischen Berner und Freiburger Voralpen: gut 2000 Meter hoch und im Winter mit Ski in ein bis zwei Stunden vom 500 Meter tiefer gelegenen Jaunpass erreichbar. Auf unserer inneren Harddisk sind verschiedene Bilder abgespeichert: Abfahrt im schönsten Pulverschnee und, ein anderes Mal, auf einer feinen Schicht Sulz; Aufstieg bei bitterer Kälte und in der Wärme der Frühlingssonne; gemütlicher Ausflug mit Einkehr danach oder kurze Trainingseinheit als Arbeitsunterbrechung... In schönster Erinnerung ist jene Vollmondnacht, in der wir bei schneidend kaltem Wind neben dem Gipfelkreuz des unscheinbaren Berges standen und die prächtige Aussicht auf die Berner Hochalpen genossen. In der Tat, nicht alle Nächte sind schwarz!

Es müssen nicht immer andere Ziele sein – wir plädieren für die richtige Mischung zwischen Neuem und Altem. Allerdings muss man ja auch nicht gerade, wie der 2004 im Alter von 103 Jahren verstorbene Ulrich Inderbinen, ungefähr 370 Male auf den gleichen Berg: So oft stand der berühmte Zermatter Bergführer nämlich auf dem Matterhorn. Und sein jüngerer Berufskollege Richard Andenmatten hat es sogar auf rund 800 Besteigungen des «Horu» gebracht. «Damit will ich nicht prahlen», meint Andenmatten, «das brachte mein Beruf einfach mit sich ...»

Eine Prise «Social Life»

«Der Name Gstaad steht für hoch stehende Ferien in einer unverdorbenen Landschaft ...» Ungefähr so stand es einmal auf der Internet-Seite des berühmten, schlossähnlichen Hotels, das hoch über dem Kurort im Berner Saanenland Gäste empfängt, die «auf der Suche nach Ruhe, Erholung, Privacy, Fun und einer Prise Social Life sind». Da wir das natürlich alles auch suchen, entscheiden wir uns sofort: Nichts wie hin nach Gstaad!

Oder wenigstens in seine Umgebung. Denn hier gibt es nicht nur ruhige und schöne Dörfer wie Lauenen oder Gsteig (für die erwähnte «Privacy»), sondern auch hervorragende und zumindest Geist und Seele Erholung bietende Skitouren. Auf einigen von ihnen, wie jenen zum Walighürli, Gstelli- oder Staldenhorn, kann es allerdings passieren, dass einem Heliskiing-Touristen die schönsten Hänge zerfurchen, während man sich selbst noch schwitzend im Aufstieg befindet. Will man dieses für «wahre» Alpinisten einschneidende Erlebnis vermeiden, verzieht man sich besser gleich von Anfang an auf andere Gipfel. Zum Beispiel auf den Giferspitz, den höchsten Berg zwischen Obersimmental und Saanenland. Auf seinem feinen Gipfelgrat landen nur Dohlen, keine Helikopter. Oder auf das Rothorn von Lauenen, eines der vielen Rothörner der Schweiz, die von Dezember bis April meist weiss sind.

Nach der Abfahrt, also dem (je nach Schneeverhältnissen) eigentlichen «Fun»-Teil einer Skitour, ist die Prise «Social Life» angesagt: Gstaad könnte rufen. Zu einem Bummel vorbei an wandelnden Pelzbergen und Parfumwolken, zu einer Einkehr zum teuren Schnäppchen oder Häppchen. Wir halten uns auch hier ans Bodenständige und beenden die Tour in einem ruhigen kleinen Restaurant der Umgebung mit einem währschaften Hauskaffee. Diese Spezialität gibt es in unzähligen Variationen; die geschlagene Sahne gehört aber immer dazu – und das damit verbundene gemütliche und ausgiebige Zusammensein setzt einem vergnüglichen Tag buchstäblich das Sahnehäubchen auf.

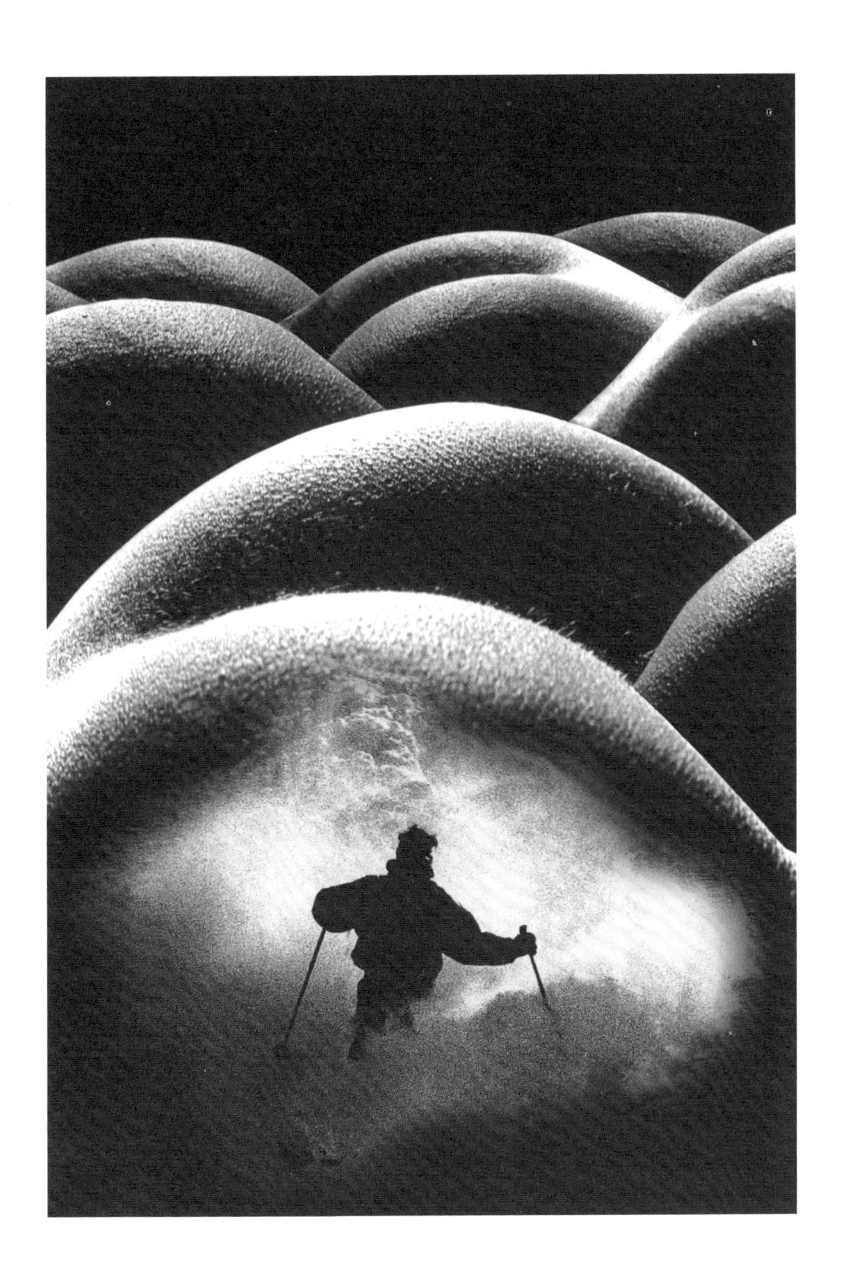

Everest-Hype

Der Everest hat das Bergsteigen salonfähig gemacht: Seit der Tragödie, die sich 1996 am höchsten Berg der Welt abspielte, sind das Höhenbergsteigen und das Bergsteigen an sich zum Thema für eine breitere Öffentlichkeit geworden. Das hat aber die Bedingungen für professionelle Alpinisten, die von ihrem Sport zu leben versuchen und dafür auf Sponsoren angewiesen sind, nicht viel einfacher gemacht. Vielleicht überträgt sich der «Everest-Hype» aber auch auf geringere Höhen und fördert die Entwicklung des Bergsteigens zum Breitensport, dessen Spitzenathleten damit auch für branchenfremde Unternehmen zu interessanten Werbeträgern werden.

Die «Everestomanie» ist letztlich ein Spiegel unserer Gesellschaft: Konsum und Spass, Prestige- und Rekorddenken wurden an das Dach der Welt übertragen und treiben dort ihre oft seltsamen Blüten. Schaubühne sind die zwei Everest-Normalrouten auf seiner nördlichen, tibetischen, und seiner südlichen, nepalesischen, Seite. Die anderen Anstiege sind Kennern und Könnern vorbehalten und werden verhältnismässig selten angegangen.

Ähnlich wie die Einheimischen in den Alpen im 19. Jahrhundert sich über den aufkommenden Alpinismus freuten, so sind viele Nepali und Tibeter über die Expeditionen und Begleittrekkings froh: Das Everest-Fieber beschert ihnen Arbeit, auf die sie angewiesen sind. Und einigen unter ihnen – besonders Vertretern aus dem Volk der Sherpas – ermöglicht es, sich durch sportliche Leistungen hervorzutun. So gehen die meisten Everest-Besteigungen eines einzigen Menschen, schier unglaubliche achtzehn Male, auf das Konto des knapp fünfzigjährigen Apa Sherpa, und viele der schnellsten Besteigungen wurden durch Sherpas unternommen. Andererseits sind über sechzig Nepali, meist Sherpas, sowie mehrere Tibeter und Inder im Dienste ausländischer Expeditionen bei ihrer Arbeit am Everest verunglückt. Heute sind die Sherpas am Berg selbstständig und selbstverantwortlich unterwegs. Viele der jungen Sherpas sind gut ausgebildet, sei es auf schulischer, sei es auf alpinistischer Ebene, und verfügen über ein gesundes Selbstbewusstsein und eine gute Portion Ehrgeiz. Ohne sie hätten nur wenige der modernen Expeditionen Erfolg.

Ebenso hätten am Everest nur wenig Bergsteiger Erfolg, wenn das Einnehmen von Flaschensauerstoff verboten würde. Nur ein Bruchteil der Bergsteiger, die auf dem Gipfel standen, hat ihn ohne dieses Hilfsmittel erreicht. Doch offenbar ist der vermeintliche Ruhm, den man heimträgt, wichtiger als der Stil, mit dem man ihn erworben hat.

Vielleicht wäre dies eine der Fragen, denen man nachgehen sollte: Welche Sehnsüchte sind mit dem Everest verbunden, was stellt er für viele Menschen dar? Weshalb bedeutet das Erreichen seines Gipfels nach wie vor einen so grossen Prestigegewinn? Ist der Wunsch, nach dem Höchsten zu streben, zutiefst menschlich, oder spiegelt er nur besondere Defizite und Bedürfnisse unserer Zeit und unserer Gesellschaft wider? Hoffen wir, dass sich der eine oder andere Everest-Aspirant, aber auch der eine oder andere Bergsteiger, der an niedrigeren Gipfeln zwanghaft nach Anerkennung sucht, sich mit diesen Fragen auseinandersetzt; ganz im Sinn des Wortes von Reinhold Messner: «Ich muss hoch hinaufsteigen, um tief in mich hineinsehen zu können.»

Planungs-Odyssee

Eigentlich wollten wir ja zum Finsteraarhorn. Doch als wir auf der Anreise aus einem anderen Gebirgsmassiv südlich der Alpen die Wetterprognosen hörten, wurden wir unsicher. Innerhalb von Stunden hatten sich die Vorhersagen deutlich verschlechtert. Auf einen Gebietswechsel waren wir allerdings weder gefasst noch (ausrüstungsmässig) vorbereitet.

Was nun folgte, war deshalb eine kleine Planungs-Odyssee: mehrere persönliche Beratungstelefone mit dem Dienst habenden Meteorologen von Meteo Schweiz, eine Anreise, die immer weiter Richtung südwestliches Wallis abdriftete, und die verzweifelte Suche nach Karten für die neu ins Auge gefassten Touren. Oh Landestopografen, überdenkt einmal nicht nur das Netz von Koordinaten und Informationen, sondern auch das Netz der Verkaufsstellen eurer Erzeugnisse! Wir haben in kurzer Zeit zwischen Bellinzona und Fiesch sozusagen alle potenziellen Verkaufsstellen für Skitourenkarten kennen gelernt. Mit Betonung auf «potenzielle»: Während die eine grosse Buchhandlung nur willkürlich ein paar wenige Karten aus dem ganzen Sortiment anbietet, findet man im nächsten Sportgeschäft zwar einiges Kartenmaterial, aber nichts Passendes. Die Papeterie nebenan führt ein erstaunlich breites Sortiment, aber keine Skitouren-Blätter. Die Rettung kommt in Form des Bahnhofkiosks und des Souvenirgeschäftes daher, die jeweils die ganze Palette der für ihren Kanton gültigen Karten verkaufen.

So ist es Abend, als wir schliesslich in Arolla eintreffen – als stolze Besitzer zweier neuer Karten (die wir daheim im Doppel haben) zweier verschiedener Gebiete. Der Entscheid, am nächsten Tag in die Cabane des Dix aufzusteigen, erweist sich als Glückstreffer: strahlendes Wetter, viel Pulverschnee und ein Hüttenwart, der den Aufenthalt sehr angenehm gestaltet.

Und als am Abend die letzten Sonnenstrahlen über dem Montblanc de Cheilon untergehen, da wird es uns trotz der kalten Aussentemperaturen warm ums Herz. Was macht es da schon aus, wenn am nächsten Morgen im Aufstieg zum Pigne d'Arolla ein eiskalter Nordwind bläst und in der Ferne das Finsteraarhorn glasklar am Horizont steht!

Kalorienarmes Klettern

Hart- und weniger hartgesottene Bergsteiger haben immer viel zu erzählen. Meistens sind ihre Geschichten wahr, oft etwas ausgeschmückt. Oder umgekehrt? Manchmal kramen sie ihre schönsten Erlebnisse hervor: Die handeln von grossartigen Klettermetern, dem besten Pulverschnee oder einem kühnen Firngrat. Viel häufiger schwelgen sie aber in anderen Erinnerungen: Von bissiger Kälte und eisigem Wind ist da die Rede, von Schlüsselstellen, komplizierten Kreuzzügen und weiten Dynamos, endlosen, die Knie strapazierenden Hatschern, brüchigem Bröselgelände oder kartonartigem Bruchharsch, vielleicht gar von einem Gewitter, bei dem die eigenen Haare zu Berg standen und der Pickel wetterleuchtete.

Doch noch nie hat uns ein anderer Alpinist erzählt, er sei unterwegs am Essen gehindert worden (ausser, natürlich, aus eigenem Verschulden). Genau dies haben wir jedoch am Sustenpass erlebt. In einem Klettergebiet, das bekannt ist für seine soziale Komponente, wo sich also an einem sonnigen Tag entspanntes Zusammensein und nette Plattenklettereien angenehm verbinden lassen. Entsprechend planten wir genügend Zeit für ein gemütliches Picknick unter den Felsen ein.

Aber es kam anders: Als wir uns voller Freude und Hunger nach einer längeren Route wieder zum Wandfuss abgeseilt hatten und uns zu unseren unter einem grossen Stein deponierten Rucksäcken bewegen wollten, empfing uns ein böses Knurren. Ein paar Schritte weiter, und das Knurren entwickelte sich zu einem Unheil verheissenden Zähnefletschen. Wir kapitulierten sofort: Unsere Widersacher – eine riesige Dogge und ein kalbsgrosser Bastard – liessen keine Zweifel darüber offen, dass sie die Besitztümer ihrer Meister bei Bedarf tätlich verteidigen würden. Dummerweise hatten letztere ihre Rucksäcke neben unseren deponiert. Noch dümmer war, dass wir sie, als wir mit langen Gesichtern und knurrendem Bauch nach ihnen Ausschau hielten, etwa drei Seillängen über uns sichteten, erst am Anfang ihres langsamen und langen Aufstiegs und für unsere Zurufe taub. Nach vergeblichen Versuchen, bei denen uns die Hunde keinen Zentimeter näher an unsere Rucksäcke liessen, blieb uns nichts anderes übrig, als selbst noch einmal einzusteigen, um uns die Zeit zu vertreiben. Resultat: Der lockere Ausflug mit Picknick wurde schliesslich zu einem kalorienarmen Seillängenmarathon – der perfekten Trainingseinheit für Grösseres – und zur netten Geschichte für danach.

Tödi und Trabanten

Hochtourensaison. Es müssen ja nicht immer das Matterhorn oder der Mönch sein. Besonders angetan haben es uns die eigenwilligen Gesellen unter den Bergen (was sich eventuell auch auf die Männer übertragen lassen könnte...). Dazu gehören die Glarner Alpen, deren versteckte Schönheit von einem Gipfel dominiert wird – dem Tödi.

Tierfed zuhinterst im Linthtal: Hier beginnt der Aufstieg zur Fridolinshütte, einer gemütlichen Unterkunft, in der selten Hektik aufkommt – obwohl die Besteigung des Tödi durchaus mit einer Viertausender-Tour zu vergleichen ist. Wir nehmen das Abendessen bei Kerzenlicht ein und ziehen uns dann bald zurück, die Bergführer in das mit Vorhang und Duvets ausgestattete «Chambre séparée», das gewöhnliche Fussvolk in die Schlafräume.

Als wir am nächsten Morgen aufbrechen, ist es «tunggel wi inere Chue», wie mein Glarner Begleiter bemerkt. Weit unter uns flackernde Lichter im Tal. In einem Eisbruch kracht es bedrohlich. Während die Nacht ausklingt, schwingen Körper und Geist auf den Tag ein. Jeder hängt seinen Gedanken nach, selten fällt ein Wort. So erreichen wir die winzige Grünhorn-Hütte in grossartiger Umgebung über dem Bifertenfirn, einem zerschrundenen Gletscher, der Vorsicht verlangt. Kurze Passage im Fels – die «Gelbe Wand» mit ihren prächtig bunten Steinen –, dann der Frühstücksplatz und zurück auf den Gletscher, der durch gähnende Löcher imponiert, gegen den Gipfel zu aber allmählich zahmer wird.

Im Gipfelbuch hat einer kurz und bündig festgehalten: «Top of Zigerschlitz, juhui!» Wobei Uneingeweihten erklärt sei, dass das enge Glarnerland – in Anspielung auf die Glarner Käsespezialität Schabziger – manchmal despektierlich Zigerschlitz genannt wird. Wir sitzen auf dem Haupt des 3614 m hohen Königs und halten Ausblick: Der Tödi überragt seine Trabanten deutlich. Eigen ist ihnen, dass sie sich dem Bergsteiger erst allmählich offenbaren: «Bi üs gaads eifach ufe, mit dem muesch lebä!» hatte mir ein alter Glarner Bergsteiger einmal seine Heimatberge charakterisiert. Wer steile, lange und oft einsame Aufstiege liebt, wird aber bald erkennen: Die Glarner Berge strahlen einen herben Charme aus, den man anderswo vergeblich sucht.

Laute Stille

Wir sind zu zweit unterwegs. Der Rhythmus ist vollkommen: So oft schon waren wir zusammen auf Skitour, dass wir weder über Schnelligkeit noch Schrittlänge reden müssen. Unsere Ski gleiten harmonisch, links, rechts, links, rechts, über den festen Firn. Die Hänge sind angenehm gewellt, nicht zu steil, nicht zu flach. Ihre Buckel glänzen im Licht des Vollmonds, die Mulden, denen wir ausweichen, versinken im Schatten. Es ist zehn Uhr abends. Der Vollmond steht noch nicht hoch, aber seine Wirkung gleicht jener einer gigantischen Lampe, die jemand für uns im All eingeschaltet hat: Was wir erkennen müssen, das sehen wir, das andere lassen wir.

Als ob wir es abgemacht hätten, sagen wir kein Wort. Es ist ein stilles Einverständnis, eine Ehrfurcht vor der Grösse der Nacht: Sätze, ja schon Silben, würden die Magie der stummen Beredsamkeit verletzen. Denn dass die Stille zu uns spricht, daran gibt es keinen Zweifel. Sie hat zwei Sprachen: Die eine ist jenes innere Gespräch, das Horchen auf Eingebungen und Erkenntnisse, das sie fördert – im Gegensatz zum lauten Alltag. Ihre andere Sprache ist jene, mit denen sie unsere Sinne schärft. Ein feiner Wind, den wir am Tag kaum wahrnehmen würden, säuselt uns nun eine kleine Nachtmusik vor. Wir spüren die Beschaffenheit des Schnees nicht nur, wir hören sie auch. Das Quietschen der Bindungen gibt den Takt an. Ein letzter Ruf eines Vogels wird zum Schrei, der die Ruhe durchschneidet. Und unser eigener Atem ist fast zu laut, ein Hüsteln ein störender Zwischenton, den wir sorgsam vermeiden.

Seit zwei Stunden sind wir unterwegs. Die Vollmondnacht ist nicht schwarz, und auch unsere Blicke sind geschärft: Mit Katzenaugen unterscheiden wir zarte Tönungen irgendwo zwischen Schneeweiss, Eisgrau und Dunkelschwarz. Das grelle Licht des Tages wird sie wieder auffressen. Doch jetzt, in der Nacht, brennen sich die Natur, ihre Konturen und ihre Schatten als schwarzweisse und doch bunte Bilder in unsere Seelen ein.

Der Gipfel. Wir steigen aus den Bindungen, ziehen die Felle von den Ski, legen die Rucksäcke ab, nehmen unsere Jacken heraus, verstauen die Felle. Wir umarmen uns lange und innig, ohne etwas zu sagen. Dann setzen wir uns auf die Rucksäcke und blicken in die Runde. Bergketten leuchten in dieser Zaubernacht, und obwohl die Sonne nicht scheint, sehe ich, wie auch die Augen meines Freundes leuchten. «Schön ist es», sagt er, und ich mag nur antworten «ja, sehr schön». Dann trinken wir wärmenden Kaffee mit Amaretto und essen ein paar Nüsse, bevor wir aufbrechen zu einer schwungvollen Abfahrt, bei der wir die vom Mond in ein klares Licht getauchten Hänge suchen wie eine Eidechse die Sonnenstellen. Wunderschön war er, dieser nächtliche Ausflug in die laute Stille der Berge.

Der erste Viertausender

Gewisse Dinge in der Kindererziehung sind Vatersache. Dazu gehört die Begleitung der Tochter auf «ihre» zwei ersten Viertausender – zuerst mit Ski und dann zu Fuss. Mögen für den Winter noch ein Alphubel oder ein Allalinhorn genügen, sollte es im Sommer gleich eine rechte Tour sein. Zum Beispiel der Piz Bernina, mit 4048,6 Metern (gemäss der erstaunlich genauen Messung der Topografen) Graubündens höchster Berg und einziger Viertausender. Und natürlich ist es Ehrensache, dass man die pubertierende Kleine nicht über die Normalroute hochführt, sondern über den begehrten Bianco-Grat, jene berühmte Himmelsleiter aus Firn und Eis.

Gesagt, getan: Eingehtour Piz Palü, am selben Tag Wechsel auf die Tschierva-Hütte. Die nicht schwindelfreie Mutter kann derweil in Pontresina bei Kaffee und Kuchen, auf sicheren Wanderwegen und im warmen Hotelbett warten ... Aufbruch frühmorgens zur Fuorcla Prievlusa und weiter über den einmalig schönen Grat. Die Tochter hat und gibt sich Mühe und ist stolz über ihre Performance, der Vater noch viel stolzer, vor allem darüber, dass seine alpinistischen Gene vererbt wurden. Entsprechend knipsen die zwei munter drauflos. Erst viel später wird der Vater merken, dass er den Film nicht richtig eingelegt hat, dass also diese zwar nicht für die Alpin-, aber für die Familiengeschichte doch höchst bedeutende Tour undokumentiert bleiben wird. Pech, und heute, ein Vierteljahrhundert später, ein Wermutstropfen, der die schönen Erinnerungen trübt.

Nach dem Gipfel geht es runter zur Hütte und gleich weiter runter ins Tal. Denn die Mutter wartet ja immer noch, und zudem soll die Tochter von Anfang an mit einem Fünfzehnstünder etwas auf Ausdauer trainiert werden. Der Abstieg durch den sogenannten «Buuch», eine zerklüftete Gletscherzone, konfrontiert den zarten Sprössling mit dem Ernst des Lebens: Hier reichen grosse Schritte nicht mehr aus, um die Spalten zu überwinden. Einmal ist ein Sprung von einer Spaltenlippe zur anderen vonnöten, der ebenfalls Eingang in die Familienhistorie finden und von Jahr zu Jahr in seiner Länge wachsen wird. Gewachsen ist aber auch die Erinnerung: an einen guten Tag, der letztlich der Auftakt zu unzähligen weiteren Tagen in den Bergen war – mit oder ohne Vier vor den drei Nullen.

Viertausender-Los

Den sonnigen Kalk Südfrankreichs hatten wir hinter uns. Nun wollten wir den Urlaub mit einer zünftigen Hochtour abrunden. Doch eigentlich waren wir gar nicht sicher, ob wir wirklich wollten. Zu verlockend die Aussicht auf einen weiteren entspannten Klettertag mit dem nötigen Rahmenprogramm, zu verlockend die wunderbaren Granitplatten bei Ailefroide im französischen Ecrins-Nationalpark. Als wir am Abend auf dem Parkplatz anlangten, dem Ausgangspunkt der Hochtour, zögerten wir, wägten ab, diskutierten, kamen nicht weiter. Es blieb nur eins: das Los entscheiden zu lassen. Zweimal Kopf ergäbe Barre des Ecrins (4101 m), und zwar Aufstieg direkt vom Parkplatz zum Gipfel, 2220 Höhenmeter weiter oben. Wir hatten ja schliesslich in keiner der zwei Hütten unterwegs ein Nachtlager reserviert. Zweimal Zahl würde bedeuten gemütliches Hotel und am nächsten Tag Klettertour. Das Los entschied: zweimal Zahl. Also Klettern. Wie schön. Doch wir schauten uns an – vielleicht waren es auch nur unsere versteckten Ambitionen, die sich selbstständig machten –, sagten kein Wort und packten in stillem Einverständnis den Rucksack für die Barre des Ecrins.

Kurz darauf waren wir unterwegs im sanften Dämmerlicht, tauchten ein in die Welt der schroffen Dauphiné-Gipfel, liessen uns von der rauen Landschaft begeistern. Wir hatten es überhaupt nicht eilig. Bei der ersten Hütte machten wir eine ausgiebige Rast, bevor wir mitten in der Nacht wieder aufbrachen.

Als wir am Morgen den luftigen Gipfel erreichten, lächelten wir noch immer über uns. Das Los hatte uns geboten, wozu wir vermeintlich am meisten Lust verspürt hatten, doch gewählt hatten wir dann doch den buchstäblich steinigeren Weg. Als ob wir uns etwas beweisen müssten. Wie auch immer: Die Barre des Ecrins – erstbestiegen 1864 vom legendären, später bei der Erstbesteigung des Matterhorns im Abstieg abgestürzten Chamoniarden Michel Croz, vom berühmten Schweizer Führer Christian Almer und ihren nicht weniger bekannten Gästen Moore und Whymper – war im wahrsten Sinne des Wortes der Höhepunkt unseres Urlaubs. Kopf oder Zahl, hin oder her.

Dipender sei Dank

Dipender ist klein, federleicht und bärenstark. Der aus Westnepal stammende Koch ist im Sommer und Herbst in Indien tätig. Als «Gastarbeiter», der Trekking- und Expeditionsgruppen begleitet und verwöhnt. Mit seiner Küche, seinem Lachen und seiner Kraft: Wenn Dipender Zeit hat, betätigt er sich auch als Träger – und schleppt im Eiltempo ungefragt schwere Lasten von uns zwei verdutzten Europäern in die Hochlager (und Tage später auch wieder hinunter). Zum Dank nehmen wir Dipender mit an unseren nächsten Berg im Garhwal-Himalaja, den Sechstausender Chaturangi. Er strahlt übers ganze Gesicht und schreitet mit Siebenmeilenschritten vor uns die steilen Geröllhänge hoch, wo wir ein Camp einrichten. Mit dabei ist auch unser blutjunger «Verbindungsoffizier» Ramesh, der gegen jeden Krieg und jede Armee ist und schon gar nichts von einem Offizier an sich hat. Zu viert quetschen wir uns schliesslich in unser kleines Zweierzelt. Ich mit gestauchter Rippe, die derart schmerzt, dass an Schlaf, eingeklemmt wie in einer Sardinenbüchse, nicht zu denken ist. Draussen glimmen Dipenders Räucherstäbchen, die die Götter gnädig stimmen sollen. Gegenüber, über dem Chandra Parbat, steht ein kalter Mond.

Am nächsten Morgen setzt Dipender seine Schlappmütze schief auf und folgt uns lachend über letzte Felstrümmer zur Schneeflanke. Steigeisen können wir ihm keine bieten; zudem hat der Schotter seine dünnen chinesischen Turnschuhe aufgerissen, und zwischen Sohle und Schuh klaffen Löcher. Was Dipender weiter nicht beunruhigt, obwohl etwa dreihundert Höhenmeter Schnee vor ihm liegen. Wir wickeln ihm also seine Schuhe oder besser gesagt, was davon übrig bleibt, mit Isolierband um die Füsse, drücken ihm einen Pickel in die Hand und sichern ihn Seillänge für Seillänge bis auf den Gipfel. Das Bild von Dipender und seiner Freude ist unvergesslich: Glückselig rammt er bei jedem Schritt den Eispickel in den Hang. Einer Katze gleich arbeitet er sich hoch und bestaunt den Ausblick auf die Zacken und Grate des Garhwal. Sein Rucksack wird überragt von einer meterlangen, mit einem Stofffetzen geschmückten Bambusstange, die er auf dem Gipfel in den Schnee steckt – voller Stolz und in der Hoffnung, dass unser Küchengehilfe sie vom Basislager aus mit dem zurückgelassenen Feldstecher entdeckt.

Kaum haben wir den Schnee wieder hinter uns gelassen, läuft uns Dipender davon – keine Chance, bei seinem Tempo mitzuhalten. Er muss ins Basislager, um nach dem Rechten zu schauen. Natürlich hat er dem Gehilfen gesagt, was dieser zu kochen habe. Reis, Auberginengemüse, Linsensauce, gebratene Kartoffeln, Apfelküchlein… Aber lieber rührt Dipender selber in den zahlreichen Töpfen. Damit wir, als wir eine Stunde nach ihm im Basislager eintreffen, uns einfach nur setzen und zugreifen können.

Herbstmelancholie

Der Rucksack ist umgepackt – für kleinere Herbstausflüge: Die hohen Gipfel sind verschneit, doch warme Tage erlauben noch Klettereien und Wanderungen auf der Sonnenseite. Vom Aussichtspunkt hoch über den lärmigen Siedlungen blicken wir geradewegs in die Nordwände am Horizont. Auch wenn wir diese schattigen Abbrüche nicht aus eigenem Erleben kennen, schafft ihr Anblick plötzlich Verbindungen und lässt Erinnerungen aufkommen.

Da, der Eiger: Schauplatz einer 2001 erstmals begangenen Neutour von zwei jungen, draufgängerischen Berufsbergsteigern. Sie haben sich an die Beine, die Ausläufer der berühmten Spinne gemacht und eine wilde Route über labile Eissäulen und zweifelhaften Fels gelegt: «The young spider». Ob sie zehn Jahre später immer noch den Mut zu solchen Unternehmungen haben werden?

Dann der Mönch mit seinem Nollen, der in dieser Jahreszeit blank glänzt. Da waren wir doch selber mal – nach einem Abendessen auf der Guggi-Hütte, das alle Erwartungen übertroffen hatte. Frisch gepflückte und selbst hochgetragene Heidelbeeren mit Rahm, dazu zwei Familienpackungen Eis (für vier Personen), am Abend vom befreundeten Helikopterpiloten aus dem Tal bei seinem Materialflug zur Hütte termingerecht abgegeben. Vage Erinnerungen an neidische Blicke anderer Hüttenbesucher, endloses Kichern und volle Bäuche. Schön war's.

Die Jungfrau mit Guggi-Seite und Rotbrett: lang ersehnte Tour, einmal mehr aufs nächste Jahr verschoben – mit der jedes Mal ungern akzeptierten Erkenntnis, dass man Träumen arg nachhelfen muss, damit sie in Erfüllung gehen. Geduld. Und dann der Gedanke an den Freund, der an genau diesem Aufstieg mit einem Felsblock ausbrach und nur mit Glück vor schlimmeren Verletzungen verschont blieb. Er hatte mehr Glück als jener andere Gefährte aus frühen Tourentagen, der heute im Rollstuhl sitzt.

Ein paar Nordwände weiter rechts nochmals zwei Unfälle, die vor einigen Jahren geschehen sind und im Kopf für immer mit dieser Stelle verbunden sind: der eine endete tödlich, der andere kostete im wahrsten Sinne des Wortes ein Auge. Dazwischen das weisse, schöne Schild der Äbeni-Flue-Nordwand. Und schliesslich, genau gegenüber, jener Ort, der dem eigenen Bruder zum Verhängnis wurde. Lange haben wir versucht, den Hang auszuklammern aus dem Panorama, aber der suchende Blick geht irgendwann dorthin, unvermeidlich. Was empfand er bei seinem letzten wundervollen Schwung, bevor die Lawine losbrach? Lebensfreude, Glück, Stärke? Was in jenen Sekunden, in denen ihn die Schneemassen über den Hang fegten und über Felsstufen hinunterschmetterten? Erstaunen, Erkenntnis, Abschied, Trauer?

Was ist denn los, heute? Zurück in die Sonne, sich ins Laub legen, Augen zu, die Strahlen sollen Muster in die Haut brennen. Und den klaren Schimmer des wundervollen Herbsttages über die Schatten legen.

Romans Eisberg

Man weiss es ja. Mit keiner Zeit des Jahres sind so viele Erwartungen verbunden wie mit jener von Weihnachten über Neujahr. Nie gibt es mehr Familienzwiste und Ehekräche als in diesen Tagen. Und so hat man manchmal einfach keine Lust, sich in diesen Festtagen all den Gefühlen auszusetzen, die einen von höchsten Bergspitzen in tiefste Abgründe kippen können. Also lässt man besser seine Beziehungen im Alpenraum aufleben und bricht auf. Voraussetzungen für den Antritt der alpinen Festtagsodyssee: Geld, ein geräumiger Wagen, in dem eine Kiste voll Kletter- und Skitourenausrüstung, zwei Rucksäcke, zwei Paar Ski, eine Reisetasche mit diversen Büchern, Kleidern und Schuhen für verschiedene Klimazonen sowie Alltags- und Abendsituationen, das Handy sowie ein paar Geschenke und Weinflaschen für die Besuchten bequem Platz finden.

Es würde zu weit gehen, von den einzelnen Stationen einer solchen Reise zu berichten – Urner Alpen, Südtirol, Weihnachten in München, wieder Südtirol, Neujahr unter Frauen im Allgäu ... Herausgegriffen sei nur Romans Eisberg, der so originell ist wie sein Schöpfer selbst. Roman – von Beruf «Lüftlmaler» und Bergführer aus Passion, Familienvater, Kletterer, Skifahrer, Surfer, Gleitschirmflieger (alle vier letztgenannten Beschäftigungen mit dem Zusatz «Extrem-»), Hausrenovierer, Aktienbesitzer, Immobilienhändler und TT-Fahrer – ist nämlich ab den ersten kalten Tagen des Frühwinters damit beschäftigt, im Garten seinen Privat-Eisberg aufzubauen. An einem Gerüst aus Fichtenholz beginnt das zuerst filigrane und durchsichtige Gebilde allmählich zu wachsen. Mit nächtelangem Wasserspritzen erhöht es sein Volumen und wächst in die Breite. Vorausgesetzt natürlich, der Föhn bringt nicht alles wieder zum Schmelzen.

Gegen Ende Dezember ist es dann so weit: Statt den Tannenbaum in der eigenen Stube zu bewundern, steht man staunend vor Romans Eisberg, der mit Zapfen und Säulen behängt am Ostrand der Dolomiten eine Seillänge in die Höhe ragt. Und dann geht man klettern – unter Romans kundiger Führung, denn er kennt ja die Tücken und Gefahren seines Eigenprodukts am besten. Und wenn man sich über den Überhang, der sich in diesem Jahr auf der linken Seite befindet, schnaufend zur Spitze des Eisbergs hochpickelt, weiss man einmal mehr: Die Festtage können ohne besondere Erwartungen, Familie und Feiern besonders froh und entspannt sein. Aber ein paar gute Freunde müssen sein!

Gipfel der Absurdität

Die Königsspitze ist ein Dreitausender im Ortler-Massiv. Ein stolzer Berg mit einer «klassischen» Nordwand, deren Ausstiegswechte – die berühmte Schaumrolle – vor einigen Jahren ächzend und donnernd eingebrochen und hinabgestürzt ist. Der «Gran Zebrù», wie der Berg auf Italienisch heisst, ist aber auch ein fantastischer Skiberg. Von der Pizzini-Hütte aus zieht man die Spur über weite Gletscherböden, bis man über eine etwas steilere Flanke und ein zackiges Couloir zum langen Gipfelhang gelangt. Mit oder ohne Ski steigt man zum Begrenzungsgrat zur Nordwand hinauf. Ausgesetzt führt er zum Gipfel.

Der Berg steht ganz in Italien. Im Ersten Weltkrieg verlief die Kriegsfront zwischen Österreich und Italien jedoch genau über die Kämme und Hänge des Massivs. Kanonen wurden hochgetragen, Soldaten erfroren oder kamen in Lawinen ums Leben. Die Geschichte der Dolomiten- und Ortlerfront steht an sich für die Fragwürdigkeit jeder kriegerischen Auseinandersetzung. Und die Überreste jener Zeit sind für den Bergsteiger, der neunzig Jahre später hier unterwegs ist, gut sichtbar. Auch an der Königsspitze.

Als wir über das letzte Gratstück zum Gipfelkreuz aufsteigen, trauen wir unseren Augen nicht: Ganz oben aus der Nordwand ragt eine Holzleiter. Eine Holzleiter, wie man sich jene vorstellt, auf der in den Karikaturen die Wetterfrösche sitzen. Doch weit und breit kein Frosch – nur die Leiter steht in einem fast rechten Winkel aus dem hartgepressten Firn der Nordwand heraus.

Wir werden nachdenklich. Was mögen die Menschen erlitten haben, die diese Leiter hier herauf tragen mussten? Was waren ihre Geschichten, ihre Gedanken, ihre Träume? Und – stiegen sie irgendwann wieder gesund ins Leben hinunter, oder mussten sie es hier oben in Schnee und Stein zurücklassen, einsam, frierend, hungernd? Wir wissen es nicht. Wir begreifen nur, dass sich der Mensch immer wieder selber erschütternde Denkmale seines Tuns setzt. Zum Beispiel mit einer kleinen Holzleiter, die auf einmal, auf einer ganz gewöhnlichen Skitour, den Gipfel der Absurdität symbolisiert.

Skifahren und Muttermilch

Unsere ausländischen Freunde sagen: «Ihr Schweizer seid alle ausgezeichnete Skifahrer.» Einige erdreisten sich sogar zur Behauptung, hierzulande kriege man die Skitechnik bereits mit der Muttermilch einverleibt. Schon gut. Was wissen sie denn von den drastischen, alles andere als antiautoritären Erziehungsmethoden, denen wir Kinder skibegeisterter Eltern ausgesetzt waren! Da wurde nicht lange herumgefackelt: Bereits im zarten Nachwindel-Alter standen wir auf den blöden Latten, wir wussten gar nicht, wie uns geschah.

Kurz darauf die ersten Stemmschwünge, bei denen wir uns Muskelkater einfingen, lange bevor wir das Wort fehlerfrei aussprechen konnten. Dann Beginn der Skischulen- und Rennlaufbahn (Wettkämpfe mochten wir noch nie) um den bronzenen, silbernen und schliesslich – oh, welche Krönung – goldenen Barren. Bis da hielten wir tapfer durch, auch wenn wir alles eine Stufe gemässigter ausführten als die zwei älteren Brüder, von denen sich der eine beim Alphütten-Schanzenspringen die Nase in die Knie rammte und blutig schlug.

Dann kam aber die Phase, in der uns der Vater für skireif hielt. Das heisst, dass er auch auf den schwarzen Pisten nicht mehr auf uns wartete. Die Mutter versuchte, zwischen den Fronten fahrend, ihn nicht aus den Augen zu verlieren. Wir selbst schmollten etliche Schwünge hintendrein und verloren zusehends den Spass am weissen Sport. Unvergessen bleibt daher der Tag, als wir, schwer pubertierend und mit Büchern aus der Bibliothek gut eingedeckt, den Eltern erklärten, es sei jetzt vorderhand aus mit dem gesamtfamiliären Skierlebnis, wir würden uns nur noch auf die Piste begeben, wenn wir wirklich Lust dazu hätten (also ausnahmsweise einmal bei perfektem Pulver oder Sulz, im Prinzip aber ausschliesslich an absolut wolkenlosen Tagen ohne Rücksicht auf Schneeverhältnisse, dafür aber mit Gewähr für Kaffee und Küsse vom Dorfschatz auf der warmen Sonnenterrasse). Die neu gewonnene Freiheit war wunderbar – und bis heute gehen wir nur auf die Piste, wenn wir wirklich Lust dazu haben.

Allerdings, es sei gebeichtet: Beinahe jeden freien Tag im Winter nutzen wir für Skitouren! Kleine, grosse, einsame, bekannte … Eigentlich wissen wir gar nicht so recht, wann und wie wir das Skifahren abseits der Piste entdeckt und erlernt haben. Daher stellt sich die Frage, ob das alles doch mit der Muttermilch zu tun hat, wie es die ausländischen Freunde schon lange vermuten.

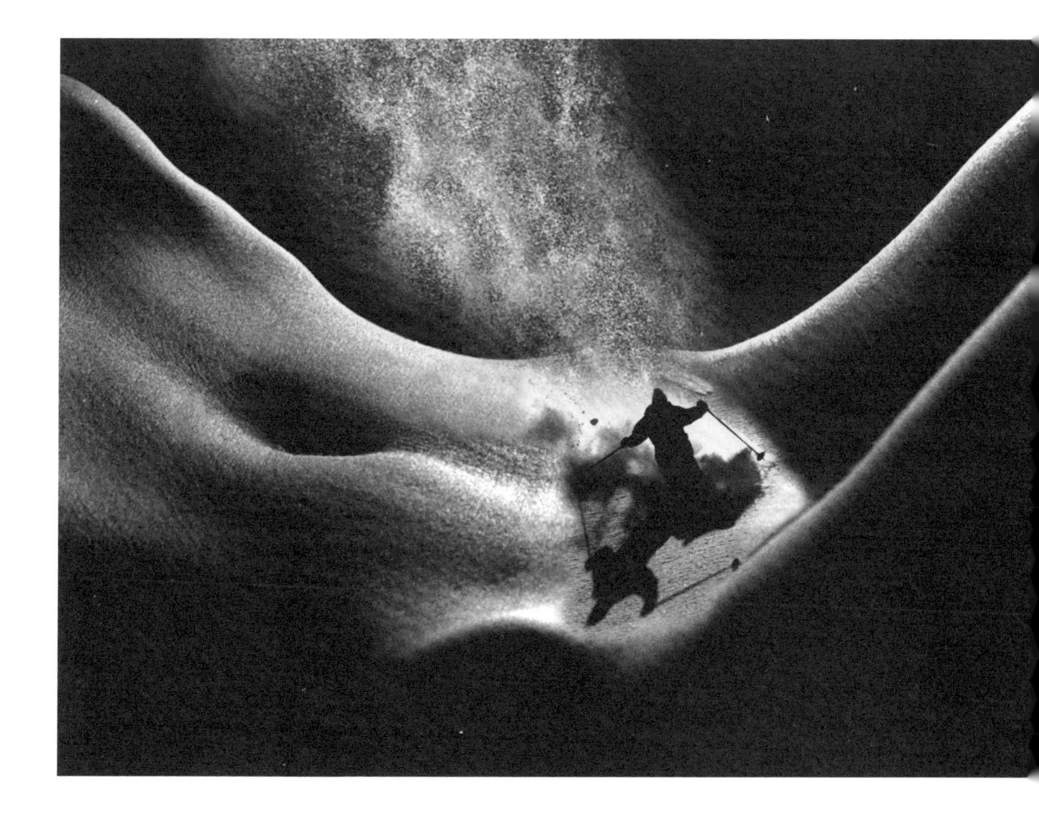

Sehnsuchtsberge

Wir haben das Privileg, in die Berge zu gehen, wenn wir wollen. Und umgekehrt: nicht in die Berge zu gehen, wenn wir nicht wollen. So viel sie uns bedeuten, manchmal betrachten wir sie lieber nur aus der Ferne. Aus welchen Gründen auch immer. Sei es wegen Sturmtiefs, echten, körperlichen oder geistigen. Und sie nur wegen des Prestiges aufzusuchen, verbieten wir uns. Aber auch in solchen Zeiten sind die Berge immer da. Wir haben viele Möglichkeiten, uns mit ihnen auseinanderzusetzen. Auf Papier etwa. Mit Bildern, äusseren und inneren. In Gesprächen. Bei einem Spaziergang über einen Voralpenhügel, bei dem wir uns den hohen Gipfeln behutsam nähern. «Mit jener Sehnsucht, die nach den Sternen greifen möchte und doch nur kleine Schritte machen kann», wie es ein Dichter einmal formulierte.

Jene Sehnsucht… Die Berge als Symbol für sie. Sehnsucht wonach, fragen wir uns. Nach Bewegung, nach Touren und Gipfeln? Nach Erfolg und Anerkennung? Geborgenheit und Ruhe? Freundschaft und Lachen? Alles ein bisschen und noch viel mehr. Wir sehnen uns nach dem Geruch des kalten Wintermorgens, dem gleissenden Licht auf den Schneehängen, dem unruhigen Rauschen des Windes und der Einkehr der Stille. Manchmal sind unsere Gefühle in Aufruhr, manchmal sind es die Elemente um uns herum. Manchmal fühlen wir uns im Einklang mit uns selbst, manchmal ruht auch die Natur verträumt in sich.

Es spielt keine Rolle. Nicht einmal das Ziel ist wichtig. Von Bedeutung ist das Zwiegespräch zwischen Natur, Seele, Geist und Körper, das sich unterwegs einstellt. Nicht immer sind wir bereit, darauf einzugehen und alle Empfindungen zuzulassen. Wenn wir es aber tun, dann erfahren wir die Berge so intensiv, wie unsere begrenzte menschliche Dimension es erlaubt. Aus vielleicht wirren Gedanken und Gefühlen kristallisiert sich im besten Fall Erkennen heraus, aus dem Erleben schöpfen wir eine innere Ordnung, die wir im lauten Alltag der Niederungen nicht finden. Das Wissen um diese heilende Wirkung ist der Ursprung jener Sehnsucht. Und sie ist es letztlich, die uns immer wieder aufbrechen lässt.

Demarkationslinie

Es gibt kaum eine nachhaltigere Sonnenbräune als jene, die man sich auf Skitouren von März bis Mai zulegt. Sogar braun gebrannte Skilehrer packen kleinlaut ein gegen jene Bergsteiger, die sich ihren Teint im Frühlingsschnee des Hochgebirges holen. Und da Alpinistinnen und Alpinisten zum Durchschnitt der Menschheit gehören, also vor Eitelkeit nicht gefeit sind, suchen sie manchmal (selbstverständlich, ohne es zuzugeben) eine Skitour nach ihrem potenziellen Bräunungsgrad aus. Besonders gut eignen sich dazu jene stark besonnten Hänge, die von Ost über Südost bis Süden ausgerichtet sind – und das sind ja glücklicherweise auch jene Expositionen, in denen man im Frühling samtweichen Firn findet.

Nun gibt es aber ein Problem: Oft ist die Bräunung nicht nahtlos. Sonnenbrillen und vor allem Stirnbänder schaffen unschöne Grenzlinien zwischen Weiss und Braun. Also bleibt einem nichts anderes übrig, als auf der nächsten Tour ohne Stirnband aufzusteigen, auch wenn einem ein kühles Windchen um die Ohren bläst und man eben mehr schlecht als recht von der letzten Erkältung kuriert ist. Man hilft mit Tricks nach: nicht zu starke Sonnencrèmes verwenden und/oder während der Abfahrt möglichst lange vor geschützten Alphütten rasten. Den Gedanken an jene Hautkrebsstudie, die an Bergführern und anderen Bergprofis durchgeführt wurde, verdrängt man dabei geflissentlich. Bergbräune ist doch das Zeichen von Gesundheit und Jugend, oder?

Zurück im Tal, schaut man verstohlen in den Spiegel und ist stolz auf das Ergebnis. Weitere Komplikationen gibt es erst, wenn man ein paar Tage später zum Friseur geht und sich den obligaten Dreimonats-Kurzhaarschnitt verpassen lässt – und dabei vergisst, dass plötzlich rund um die Ohren und hinten im Nacken neue Demarkationslinien entstehen: Ungeahnte weisse Hautpartien, zuvor noch von Haar bedeckt, blenden einen ungeniert ...

Und so schliesst sich der Kreis: Es bleibt einem nichts anderes übrig, als am folgenden Wochenende wieder in Sonnenhänge aufzubrechen, dieses Mal mit niederem Kragen und garantiert ohne Stirnband. Zum guten Glück wähnt man sich in bester Gesellschaft, denn schliesslich schrieb schon Goethe in seinen «Briefen aus der Schweiz»: «Was ist der Mensch für eine elende Kreatur, wenn er alle Eitelkeit abgelegt hat!»

Suppenkaspare und Technofreaks

Skitourensaison. Zeit für ein paar Beobachtungen. Wir zählen uns zum Durchschnitt: Gute, nicht übertrieben neue Ausrüstung, ordentliche Kondition, viele bereits bekannte und noch unerforschte Ziele im Kopf und in den Beinen. Als Glücksbringer haben wir, am Rucksack befestigt, einen alten Bergsteigerbären oder einen unerfahrenen Plüschelefanten mit dabei, im Proviantsack liegen, ganz konventionell, Käse, Brot, Schokolade und getrocknete Früchte. Aber wir sind ja nicht alleine unterwegs. Da gibt es zum Beispiel die Leichtgewichtsfanatiker: Sie schauen bei jedem Gegenstand auf das Gewicht und sparen so akribisch Gramm für Gramm. Rucksack- und Reissverschlusskordeln werden vor Aufbruch im Tal gnadenlos abgeschnitten, als Verpflegung für drei Tage kommen drei Riegel in den Geschmacksrichtungen Erdnuss-Zimt, Gummibär-Erdbeer und Coupe Danmark mit. Diese Vorliebe für Gewicht sparende und doch kalorienreiche Nahrung teilen sie übrigens mit den Extremen, die wir hier nicht näher beschreiben: Sie sehen so aus, wie sie sind, und verhalten sich entsprechend.

Abgesehen von abgewetzten Maskottchen in Bärenform gibt es auch die Prahlbären: Jene Bergsteiger (die weibliche Form kann getrost vernachlässigt werden), die tagsüber auf Tour meist nicht durch besondere Leistungen hervorstechen, ab Hüttenankunft aber parallel zur Aufdotierung ihres Flüssigkeitshaushaltes zunehmend an Selbstsicherheit und Lautstärke zulegen. Meistens reden sie etwas mehr vom Bergsteigen, als sie es wirklich ausüben. Abends werden aus ihren Erlebnissen kunstvoll ausgeschmückte Geschichten, und sie tragen das Bergvagabunden-Lied in allen Variationen vor, bevor sie erschöpft in den Schlaf der Gerechten fallen und schnarchend die bösen Geister aus den Massenlagern vertreiben. Sie lassen sich dabei auch nicht durch die Lastenträger unter den Anwesenden stören, die den grösseren Teil der

Nacht mit dem Packen ihres Rucksacks verbringen. Er fasst mindestens sechzig Liter (für einen dreitägigen Ausflug). Vor lauter Plastiktüten mit Ersatzkleidern, Bettlektüre, Feuchttüchlein, X-Large-Pflastern, Werkzeugbeuteln und so weiter finden sie die für Skitouren wirklich wichtigen Gegenstände, wie Felle, nicht mehr. Sie haben sich aber schon lange an diesen Zustand gewöhnt und das ständige Umpacken so verinnerlicht, dass ihnen die Tour ohne diese wichtigste Nebenbeschäftigung gar keinen Spass machen würde.

Ein schwieriger Fall ist die Kategorie der Suppenkaspare (darunter viele weibliche Wesen). Noch am eigens für sie gekochten Spezialmenü haben sie mit Sicherheit etwas auszusetzen. Für ihre Haltung verdienten diese ewigen Nörgler hartes Brot und Wasser! Nie zufrieden sind auch die «Gearwanker»: Sie sehen aus, als ob sie geradewegs aus einem Schaufenster auf den Gletscher gefallen wären und beherrschen die Tastatur ihres brandneuen GPS-Gerätes ebenso perfekt wie die Knöpfe ihres digitalen LVS-Gerätes. Vor lauter Beschäftigung mit ihrer Ausrüstung haben sie allerdings kaum Zeit, in die Berge aufzubrechen. Man trifft sie deshalb eher in Sportgeschäften oder daheim beim Optimieren und Polieren an.

So tragen wir an den Gipfeln hemmungslos unsere Klamotten und Marotten zur Schau. Was sind die Berge letztlich anderes als ein überdimensionierter Spielplatz für Erwachsene?

Achttausender-Trost

Wir halten die Stellung. Jemand muss dies schliesslich tun. Es können ja nicht alle Bergsteigerinnen und Bergsteiger an die Achttausender Nepals und Tibets gehen, an denen von Anfang April bis Ende Mai Hochbetrieb herrscht. Also bleiben wir zu Hause, steigen vielleicht mit Ski morgens auf einen Aussichtsgipfel oder strecken nachmittags an den nahen, mit dem Fahrrad erreichbaren Felsen die Glieder. Dazwischen arbeiten wir. Aus Katmandu fällt hie und da ein Fax auf unseren Schreibtisch, das uns über die wirkliche und die politische Wetterlage in Nepal informiert. Den Rest erfahren wir per E-Mail oder per Anruf über Satellitentelefon, das uns mit irgendeinem Basislager im Himalaja verbindet, oder auf diversen Homepages und in Blogs, auf denen wir die Schritte unserer Bekannten verfolgen. Natürlich in Wort und Bild: Die Mitnahme von digitalen Kameras und Computern ist inzwischen eine Selbstverständlichkeit bei kommerziellen Achttausender-Expeditionen, und so müssen wir glücklicherweise selbst gar nicht mehr an einen solchen Berg, sondern führen uns im Internet zu Gemüte, wie es dort aussieht und zu und her geht.

Vor allem bereiten wir uns aber auf die Rückkehr unserer Freunde vor. Wir wappnen uns für ihre Erzählungen, Geschichten, Episoden und Anekdoten. Nicht alle werden von Heldentaten erzählen, nicht alle werden einen Gipfel «heimbringen». Auf diese Fälle bereiten wir uns besonders gut vor: Auf jene Bergsteiger, die mit leicht (oder schwer) angeschlagenem Selbstwertgefühl beziehungsweise ohne einen mittels Gipfel messbaren Erfolg zurückkommen. Jene also, die – aus welchem Grund auch immer – umkehren mussten. Wir werden sie an den nahen See oder zu den Felsen gleich daneben spazieren führen, wir werden ihnen zuhören und sie trösten. Vielleicht werden sie sich bald wieder in ein normales Leben ohne Achttausender einfügen. Vielleicht werden sie sich aber längere Zeit schwer tun und möglichst bald wieder an einen solchen Berg gehen, um ihr Ego zu besänftigen – oder weiter anzukratzen. Uns ist das egal: Wie froh sind wir, dass wir nicht aufbrechen müssen, sondern aufbrechen dürfen, wann wir wollen. Und sei es nur für einen ruhigen Klettertag hoch über frühlingshaften Blumenwiesen.

Handy-Tor-Tour

Gelobt seien die Zeiten, als Handys in den Bergen ein Fremdwort waren – auf den Gipfeln herrschte Ruhe, und im Tal wusste man, dass man den Liebsten, gerade irgendwo im Gebirge unterwegs, nicht erreichen konnte, bevor er nicht von den Höhen hinuntersteigen und sich nach ein paar Gläsern Bier dazu bequemen würde, der wartenden Frau daheim von seinen Heldentaten zu berichten.

Heute ist alles anders – dank Handys und ihrer grossartigen Einrichtung namens Mail- oder Combox. Heute nämlich kann die Daheimgebliebene jederzeit versuchen, den bergsteigenden Mann zu erreichen. Versuchen. Wenn sich also der Besagte bis, sagen wir einmal, 17 Uhr nicht gemeldet hat (und die Frau bis dahin durchgehalten hat), telefoniert sie ihm auf sein Mobiltelefon – und begegnet der Combox. Sie hinterlässt eine Botschaft: «Schatz, es ist jetzt fünf, bei mir alles in Ordnung, freue mich auf deinen Rückruf, hoffe, es geht dir gut.» Um 18 Uhr die nächste Mitteilung mit bereits leicht gereizter Stimme: «Hallo, wo bist du?» Bis 19 Uhr steigert sich ihre Beunruhigung in Angst: «Melde dich, will wissen, wo du steckst!» Um 20 Uhr 30 hinterlässt die Frau den Satz: «Bitte gib mir unbedingt Bescheid, ich halte es nicht mehr aus!», und um 21 Uhr 24 schreibt sie: «Ich gehe davon aus, dass du taubstumm geworden bist, aber ich möchte wenigstens wissen, ob du noch lebst!»

Um 22 Uhr teilt sie seiner Combox mit, sie drehe nun bald durch und kippt darauf einen doppelten Whisky – eine Minute, bevor ihr geliebter Mann fröhlich aus dem Gasthof Alpenruh anruft und ihr mitteilt, es gehe ihm bestens, die Tour sei wunderbar gewesen, zudem seien die Verhältnisse zurzeit einfach hervorragend. Und beim Abstieg habe er Franz und Sepp getroffen, mit denen er zu Hobelkäse und Hauswein eingekehrt und gleich zum Abendessen geblieben sei. Leider habe er das Handy im Auto liegen lassen und melde sich deshalb erst jetzt.

Worauf die Frau wortlos den Hörer auf die Gabel knallt – sehr zum Erstaunen ihres von der sonnigen Tour erfüllten Liebsten, der sich sagt, na ja, hat wieder mal eine zickige Phase, vielleicht kriegt sie morgen ihre Tage. Er weiss nicht, was wir Frauen von heute denken... Wie schön muss es früher gewesen sein, als noch galt: Die Männer im Gebirge können nicht erreicht werden. Wie viele angstvolle Gedanken, unnötige Fantasien und kraftraubende Wutanfälle blieben unseren Müttern so erspart!

Konzentriert im Hier und Jetzt

«Mit Yoga wird ein Schritt nach vorne möglich.» So hatte man irgendwo im Internet gelesen, bevor man zu dieser «Yoga und Klettern»-Woche aufbrach. Ein Schritt nach vorne wäre ganz praktisch in dieser Situation: buchstäblich am Berg blockiert, in einer Route in einem der herrlichen Klettergebiete der Provence. Der gute Griff, der das Ende der Schwierigkeiten bedeuten würde, ist noch fern; wie ihn erreichen, ohne dass die Beine zu zittern und die Nerven zu flattern beginnen? «Ruhig durchatmen!», heisst es von weit weg, es ist die Yogalehrerin, die einen vom Boden aus coacht.

Ach ja, der Atem. Hatte man sich nicht heute morgen, in der Yogastunde vor dem Frühstück, in bewusster Atmung geübt und sich vorgenommen, diese dann auf das Klettern zu übertragen? Man könnte es ja mal versuchen, bevor noch so ein Cyberspace-Satz die Konzentration auf das Hier und Jetzt zerstört: «Dank Yoga sind wir in der Lage, mit konzentrierter Energie die vordergründigen Probleme des Lebens zu überwinden und in die tieferen Schichten unseres Seins vorzustossen.» Das vordergründige Problem ist, dass man nicht ins Seil stürzen will, auch wenn dies völlig ungefährlich wäre, und die tieferen Schichten des Seins beschränken sich momentan auf die übersäuerte Muskulatur beider Arme. Noch ein Versuch: durchatmen, bewusst. Konzentration auf die bevorstehende Bewegung. Dann nichts wie los. Und siehe da, es klappt – Griff ahoi, von nun an wird es einfach!

Route geschafft, glücklich zurück. Ein kleiner persönlicher Erfolg, vielleicht auch dank Yoga? «Prana», das Sanskrit-Wort, das diese Kletter- und Yogawoche prägt, bedeutet Lebensfluss. Das Leben kommt in diesen Tagen wahrlich prall daher: am steilen Fels über dem Meer, beim Yoga am Strand mit dem Geräusch der Wellen, beim Wein auf dem Dorfplatz, bei den Dehnübungen nach dem Klettern mit den durch die Dämmerung flatternden Fledermäusen. Und während man ihnen zuschaut und die Sonne für heute ein letztes Mal grüsst, nimmt man sich vor, auch daheim öfter zu entschleunigen.

Auf ins Snowboard-Vergnügen

Vier Jahre alt waren wir, als uns der Vater das erste Mal auf Ski stellte. Sechsunddreissig Jahre später liessen wir uns zu einem mutigen Selbstversuch überreden: dem Erlernen des Snowboardens. Die Reaktionen unserer Freunde trübten unsere Vorfreude: Die freundlichsten taxierten uns als «unvorsichtig», andere prognostizierten uns – «in deinem hohen Alter!» – einen Unfall oder zumindest Beulen und Zerrungen. Kurz – eine schmerzvolle erste Begegnung mit einem Sport, der uns aus der Distanz immer gefallen hatte, aber auch etwas bedrohlich vorkam.

Wie heute so üblich, informierten wir uns vor dem eigentlichen ersten Date im Internet und googelten dort Begriffe wie «Snowboardfahren erlernen» oder «Terminologie des Snowboardens»; dabei verirrten wir uns in Foren und hinter Portalen. Wir hätten es besser unterlassen. Das Gelesene verstärkte unsere Angst: «Der erste Tag auf dem Snowboard ist der risikoreichste: Die Hälfte aller Snowboard-Unfälle trifft Anfänger – und das bereits am ersten Tag im Schnee.» Oder: «Zunächst einmal sollten Sie lernen, wie man korrekt stürzt, da Sie sich so hinterher einiges an Schmerzen ersparen können.» Noch expliziter: «Wichtig ist nur, dass Du auf keinen Fall aufgibst. Und ich verspreche Dir, die ersten drei Tage werden hart und schmerzvoll, aber es lohnt sich. Grüsse, Zwergenbrot.»

Es war ein klarer Januartag, als wir Fabio begrüssten, den Lehrer, der uns bei den ersten Gehversuchen begleiten würde. Und siehe da: Das erste Mal fielen wir bereits beim Anschnallen des komischen Bretts auf die Nase. Von wegen «Gehen»: Uns wurde gleich wieder bewusst, was uns immer vom Snowboarden abgehalten hatte: Das widerliche Gefühl, die Beine nicht mehr unabhängig bewegen zu können, sondern fixiert zu sein auf einem Brett, das mit uns eine ganze Weile machen würde, was es wollte, und nicht, was wir mit ihm wollten. Weiter: Keine gute Idee, das Snowboardfahren in einem schneearmen Winter zu erlernen – die unvermeidlichen Stürze schmerzen auf einer pickelharten Piste noch viel mehr!

Fabio hatte Geduld. Als erstes zeigte er uns in der Tat das richtige Fallen, dann ging es los mit ersten Gleit-, Brems- und Drehversuchen. Er attestierte uns Begabung. Und dies, obwohl einer von uns aus der Piste in ein Wäldchen fuhr (so ist das beim Snowboarden: solange man die Kurve nicht kriegt, geht es grundsätzlich in eine Richtung, die andere ist nur mit einem verzweifelten Sturz zu erzwingen, mit dem man eine Wende einleiten kann), obwohl wir dreimal aus dem Skilift fielen und einen noch steiferen Anfänger rammten.

Nach zwei Stunden hatten wir erreicht: 1. Fahren mit Tellerlift. 2. Einen kleinen Hang hinunterrutschen, sowohl mit Blick nach oben als nach unten. 3. Einige unkontrollierte Kurven mit Unterstützung des Skilehrers und ein paar noch wildere ohne. 4. Stürze à discrétion.

Weiter waren wir auch in der Terminologie des Snowboardens – Back- und Frontside waren uns nun ein Begriff. Aber einen Zweifel hatten wir nicht ausräumen können: Welche war unsere richtige Standposition auf dem Brett? Gehörten wir zu den Goofies (linker Fuss hinten) oder den Regulars? Unser operiertes Knie, das linke, wollte in Ruhe gelassen werden und hinten stehen – also wären wir goofy. Aber Tests in einem Geschäft mit einem Skateboard, bei dem wir ein Gestell mit coolen Boarder-Outfits sowie einen Kunden rammten, hatten gezeigt, dass wir eher regular waren. Wir entschieden uns dennoch, zugunsten unseres operierten Knies, goofy sein zu wollen. Und drittens: Momente lang erahnten wir das Gefühl des Gleitens, von dem die Freaks immer schwärmen. Allerdings: Das mit den blauen Flecken und Beulen stimmte auch. Und wie. Zwergenbrot hatte Recht.

Die zweite Doppellektion war ein Erfolg. Die Kurven gingen plötzlich auf die eine Seite gut, auf die andere harzte es, aber das sei ganz normal so, beruhigte man uns. Den Schlepplift bewältigten wir ohne grosse Probleme, und Gleitabschnitte konnten wir schon richtig geniessen. Für die Handgelenke hatten wir uns verstärkte Handschuhe zugelegt, das Steissbein war durch eine dick gepolsterte Über-Unterhose geschützt (sehr sexy), das beschädigte Knie hatten wir in einen alten Schoner gesteckt. Fehlte nur noch der Zahnschutz.

Ja, und dann. Die dritte Doppellektion. Plötzlich lief es wie geölt. Wir konnten das Gleiten geniessen, die Kurven gingen auf die eine Seite perfekt, auf die andere ziemlich gut, so gut, dass der Lehrer bereits die nächsten Schritte mit uns einübte. Ob wir übermütig wurden? Oder war es einfach Pech? Bei der letzten Abfahrt zögerten wir etwas zu lange beim Ansetzen des Schwungs über die hintere Kante des Boards – ein Stich im rechten Knie, und aus war es mit der Lektion. Diagnose: Arcuatum-Komplex gezerrt. Dass ein Knie komplex ist, wussten wir. Doch von diesem Komplex hatten wir noch nie was gehört. Jedenfalls war es Ende Januar, und wir stellten das Snowboard in die Garage. Die Ski auch. Ende März unternahmen wir erstmals wieder einen Ausflug ins winterliche Gebirge. Mit Skitourenski.

Inzwischen ist der nächste Winter da, und wir schleichen hie und da um das Snowboard, werfen ihm verlegene Blicke zu – und hüten uns, es zu berühren. Unsere Snowboardkarriere war so schnell beendet, wie sie angefangen hat: Nach drei Doppellektionen. Und doch haben die Ausflüge mit Brett gereicht, um sich von nun an ein bisschen nach dem Surfen auf Schnee zu sehnen...

Die Stereoanlage vom Montblanc

Prolog. Man hatte sich in Nepal kennen gelernt – eine junge Schweizerin, ein paar ältere amerikanische Wanderer. Dabei äusserten Letztere den Wunsch, die Tour du Montblanc zu begehen, die Wanderung um den höchsten Berg Europas – mit der Schweizerin als Begleiterin. Geschlagene zwölf Monate später der Bericht aus Amerika: «Unverzüglich mit Organisation beginnen, Gruppe etwa acht Teilnehmer, Datum September, freuen uns...»

Die Vorbereitung einer solchen Wanderung ist keine Hexerei. Kompliziert wird es, wenn in die Zeit der Planung ein Umzug fällt, bei dem E-Mail, Fax und Telefonanschluss wegfallen. Im Klartext: Da steht nun die Schweizerin, nur mit Handy ausgerüstet, und sieht sich mit einer Gruppe von Amerikanern konfrontiert, die sie immer häufiger mit Mitteilungen bombardieren. Die Schweizerin behilft sich mit Fax- und E-Mail-Adressen verschiedener Freunde, worauf das Fiasko eintritt: Wenn sie gerade beim einen weilt, trifft beim anderen ein Fax ein; sobald sie aus dem Haus des einen abreist, telefoniert ein Amerikaner dorthin. Fazit: Kein Umzug vor einer Reise mit anspruchsvollen Gästen!

Und dann die Fragen: «Ist das Essen in den Hotels proteinreich genug?» «Gibt es zu jedem Frühstück Eier?» Selbstverständlich geht man auf alle Wünsche ein – und organisiert eine wahre Komforttour: Viersterne-Hotel in Chamonix, alle übrigen Übernachtungen ebenfalls in Hotels, Begleitbus für das Gepäck ...

Die Komforttour beginnt mit der Seilbahn von Chamonix nach Planpraz und weiter zu Fuss zum Gipfel des Brévent – ein fulminanter Auftakt, der selbstredend erklärt, warum die Tour du Montblanc so beliebt ist: Man steht direkt gegenüber von Montblanc und Aiguilles de Chamonix. Die spitzen Granitnadeln kontrastieren mit der weissen Kalotte des 4807 Meter hohen

Montblanc, der Aufstieg zum Brévent ist nicht weit und der Abstieg nach Les Houches ein wahrer Panoramaweg.

Die Schlüsselstelle auf der Etappe von Les Houches nach Les Contamines kommt gleich am Anfang: die Wanderung über den Col du Tricot unter der weiss leuchtenden Nordwand der Aiguille du Bionnassay zu einer der schönsten Stellen der Tour, den Chalets du Miage. Ihre Häuser bilden einen wunderbar gelegenen Weiler in der weiten Alpfläche unter den Dômes du Miage.

Der Humor ist am nächsten Tag besonders wichtig: Während sich die Amerikaner noch in der Aussprache des Wortes «Föhn» üben, bricht dieser bereits zusammen. Und damit ist Sturmwetter angesagt, das die Gruppe auf den hohen Pässen Col du Bonhomme und Col de la Croix du Bonhomme überrascht. Glücklicherweise ist die Auberge in Les Chapieux dafür umso gemütlicher! Das ist auch dringend nötig vor dem Aufstieg zum Col de la Seigne und dem Abstieg ins Val Veny, wo statt einer prächtigen Aussicht auf die Südseite des Montblanc-Massivs dichter Nebel die Landschaft prägt.

Dann das Val Ferret, im Sommer überlaufen: Man kann es auch im Bus hinter sich lassen, um den Aufstieg zum Grand Col Ferret und damit den Übergang in die Schweiz in Arnouva zu beginnen. Obwohl diese Etappe kurz ist, kann sie abenteuerlich sein: Heftiger Schneefall setzt plötzlich ein – die Sicht beschränkt sich auf wenige Meter, und der Weg lässt sich in der von Viehspuren durchzogenen Grasflanke nur noch erahnen. Durchnässt in La Fouly angekommen, die nächste Überraschung: Stromausfall! Erholung verspricht die sanfte Etappe von La Fouly nach Champex. Zudem bietet dieser Tag einen tollen Ausblick auf das Rhonetal, über dem man auf einem Höhenweg den Strassenpass La Forclaz erreicht.

Auch auf dem Col de Balme, dem Pass, der einen von Trient aus zurück ins Tal von Chamonix bringt, bessert sich das Wetter nicht: Statt des fantastischen Ausblicks auf Aiguille Verte, Aiguilles de Chamonix und Montblanc gibt es hier eine Sicht von fünfzehn Metern, und zurück in Chamonix ist der Montblanc nur noch in düsteren Konturen erkennbar. Doch trotz des misslichen Wetters wiederholen die Amerikaner glücklich, die Tour du Montblanc sei «absolutely terrific». Wie wahr! Und ihr Trinkgeld ist so grosszügig bemessen, dass sich ihre Begleiterin eine teure Stereoanlage leisten kann, die sie auch zehn Jahre später bei jedem Einsatz an den Montblanc erinnert.

Von Vorher- und Absagen

Bergsteiger machen keine Ausnahme: Sie sind Teil der Konsumgesellschaft. Das fängt beim Kauf des letzten Ausrüstungs-«Schreis» an, geht weiter über den Ruf nach perfekt abgesicherten Klettertouren, die ohne Vorbereitung «reingezogen» werden können, und hört bei einem unrühmlichen Kapitel auf: jenem der kurzfristigen Absagen.

Zur Konsumgesellschaft gehört, dass man möglichst kurz vor dem Ausüben einer Freizeittätigkeit entscheidet, welche es sein darf – je nach Wetter, Lust, Laune und aktuellem Konto- und Arbeitsstand. So kommt es immer häufiger vor, dass bei Bergsteigerschulen oder Wirten von Berggasthäusern erst ein paar Tage vor einem Kurs oder einem Wochenende Anmeldungen eingehen. Oder eben Abmeldungen ... Denn mit dem Konsum geht das Wort Kommunikation einher: In der Bergsteigerei grassiert inzwischen, wie in allen Bereichen der Gesellschaft, die Informationsbeschaffung via Internet, E-Mail, Handy und SMS. Sie gereicht der Sache allerdings nicht immer zum Vorteil, sondern fördert oft ein kurzsichtiges Denken. Erstes Beispiel: In der Hochgebirgshütte rechnet der Hüttenwart mit 67 angemeldeten Gästen. Er nimmt 15 Kilo Fleisch aus der Tiefkühltruhe und beginnt am Morgen mit der Vorbereitung des Abendessens. Leider hat sich der Wetterbericht etwas verschlechtert. Das Tief wird in dieser Region aber erst einen Tag später eintreffen, wie der Hüttenwart aus Erfahrung weiss. Noch besser wissen es allerdings seine Besucher, von denen nur 39 eintreffen – eine Gruppe von acht hat sich am Nachmittag abgemeldet, als das Ragout schon schmorte, der Rest hat sich gar nicht erst die Mühe gemacht, das zu tun. Also wird die Hüttenwartsfamilie tagelang Rindseintopf geniessen und sich über die Absagen ärgern, die sie zuvor wegen der Buchungen anderen Gästen erteilt hatte.

Zweites Beispiel: Der Bergführer wartet am vereinbarten Treffpunkt auf seine Gäste für eine Tourenwoche. Sie erscheinen nicht. Stattdessen findet er auf seiner Combox die lakonische Mitteilung, sie hätten diverse Wetterberichte konsultiert, im Internet gesurft und in drei Zeitungen nachgeschaut und seien zum Schluss gekommen, es lohne sich nicht aufzubrechen. Dem Bergführer bleibt nichts anderes übrig, als die fünf reservierten Zimmer abzusagen und seine Wut mit einem guten Essen, einem Glas Wein und einer Rechnung für das ausgefallene Honorar zu besänftigen. Und ein paar Tage bei ziemlich sonnigem Wetter auf Privattouren zu gehen. Ein Hoch der modernen Kommunikation – sofern sie richtig eingesetzt wird!

Die schönen blauen Schuhe

Glücklich ist, wer Normfüsse hat. Sagen wir einmal Grösse 42, durchschnittliche Breite, angenehme Risthöhe, gerundeter Zehenbogen. Der stolze Besitzer solcher Füsse geht ins nächste Sportgeschäft, sucht sich ein Paar schöne Hochtourenschuhe aus und steigt mit ihnen auf alle Berge. Bei uns ist vieles anders: Grösse 42 (bei Frauen nicht ganz der Norm entsprechend), schmal wie ein Schuhlöffel, kein Volumen, vorspringende grosse Zehe und pfeilförmiges Aussehen. Manchmal verwünschen wir die Mutter, die uns solche Füsse vererbt hat. Doch wir haben ja andererseits dank ihnen auch viel erlebt.

Wir haben nämlich alles ausprobiert. Zu kurze Schuhe, die in der Breite stimmten, aber mit denen der Abstieg eine Tortur war. Lange Schuhe, die so breit waren, dass wir uns mit dem Hin- und Herrutschen am operierten Knöchel eine Sehnenscheidenentzündung holten. (Womit sich das Hochtourengehen für das laufende Jahr erledigte.) Eingelaufene Schuhe eines breitfüssigen Freundes, mit denen wir auf felsigen Tritten keinen Halt mehr fanden. Und so weiter, und so fort – eine Leidensgeschichte, die uns irgendwann zu blöd wurde. Also nichts wie hin in das Geschäft, das Schuhe auf Mass macht, und einmal «etwas Rechtes» bestellen, das allerdings auch seinen Preis hat. Wochen später trafen sie ein: zwei wunderbare, blaue Schuhe, schwergewichtig, spitz und schmal geschnitten, und so lang, dass wir keine kurzen Hosen darüber mehr zu tragen wagten – der Proportionen wegen. Wir verliebten uns gleich in sie.

Am Tag darauf gingen wir das erste Mal mit ihnen in die Berge, zogen dazu die richtigen Socken an, zurrten die Schnürsenkel fest und brachen frohgemut auf.

Alle Ereignisse dieses Tages zu erzählen, ginge zu weit. Wir banden die Schuhe ungefähr fünfzigmal um und kamen uns vor wie ein Elefant, den es irrtümlicherweise in die Vertikale verschlagen hat. Die Füsse waren am Abend erledigt. Am nächsten Tag Notruf an den lächelnden Experten, der Rist sei geschwollen, und überhaupt, es brauche so viel Kraft, mit diesen schweren, langen Schuhen in die Berge zu gehen. Weitere Konsultation bei ihm – Rist angepasst, vorne etwas Material abgeschliffen, Fersenhalt verbessert –, nächster Aufbruch. Und die Erkenntnis, ganz aus dem Leben gegriffen: Die erste Verliebtheit kann auch bei königsblauen Schuhen schnell vergehen. Und danach fängt die Beziehungsarbeit erst an. Wir bleiben dran.

Die Puddingschlange

Sie hatten bei Ihrer letzten Hochtour, die über einen Gletscher führte, keine Puddingschlange dabei? Unverzeihlich. Was, Sie wissen gar nicht, was eine Puddingschlange ist? Nicht weiter erstaunlich. Schliesslich sind Sie ja erwachsen. Und im gestandenen Mannes- und Frauenalter nennt man die Dinge beim richtigen Namen.

Nicht wie die Kinder, welche die Dinge auch beim Namen nennen, aber bei ihrem: Jenem also, den sie frisch von der Leber weg für sie erfinden. Dann wird die Prusikschlinge unverfroren zur Puddingschlange, ein missratener Achter-Knoten zum Sechzehner. Und der zehn Meter hohe Felsblock wird zur megasteilen Wand, die es zu bezwingen gilt, nachdem der Bergführer die kühnen Kleinen, die zwischen Prahlen und Zagen schwanken, angeseilt und ihnen versichert hat, er passe beim Sichern sehr gut auf. Wenige Schritte werden zur grossen Tour – und relativieren die ehrgeizigen Ambitionen von uns Erwachsenen wohltuend, die prestigeträchtigen Zielen und Namen nachhängen… Allerdings: auch die Kinder haben ihre Tagträume, die sie mit Vorliebe in einer schokoladereichen Kletterpause äussern. So sieht sich der zehnjährige Bub, stolzer Besitzer knallblauer Bergschuhe, bereits auf seinem ersten Viertausender, und das fünfjährige Mädchen ist fest überzeugt, bald einmal durch die Eiger-Nordwand zu steigen.

Wer das Glück in den Kinderaugen gesehen hat, das ein schöner (er kann durchaus verregnet sein) Bergtag auslöst, erinnert sich an ein anderes Kind: Jenes, das in jedem von uns steckt – mit Erlebnissen, Erfahrungen und Geschichten, die einen für immer prägen. Manchmal braucht es nur einen Ausflug in die Berge mit Kindern, um das innere Kind zum Leben zu erwecken.

Gipfeltreffen

Das Jahr der Berge herrscht. Es bestimmt die Tagesordnung. Nicht in den Bergen, aber in den Kongresssälen in den Tälern. Symposien, Seminare, Events, Workshops, Vortragsreihen, Konferenzen, Sitzungen, Festivals und vieles mehr werden in seinem Namen ausgerichtet, es wird geredet und geschwatzt, gesessen und gegessen. Dauerbrenner wie «Bohrhaken zerstören Abenteuer» oder «Ethik contra Fun» werden aus der alten Kiste gepackt und wieder einmal aufgetischt. Manchmal gibt es auch ein spannendes neues Thema. Das ist jedoch selten: Meistens gleichen die im Namen der Berge abgehaltenen Anlässe sehr realen Chatrooms, Jahrmärkten der Eitelkeiten, Nabelschauen der alpinen Welt (oder eines Teils davon, die sich als ihre einzig wahre Verkörperung hält). Am Ende lächelt man sich zu und versorgt die Fragen ohne eindeutige Antwort wieder auf dem Estrich. Bedenklicher ist, wenn einzelne Themen von einzelnen Protagonisten der Szene tendenziös gepusht und im Namen der «alpinen Welt» als Papiere oder Deklarationen publik gemacht werden.

Derweil gehen die Bergsteigerinnen und Bergsteiger, welche jedes Jahr als ein Jahr der Berge betrachten und die Berge als Spielwiese ihrer Lebensanschauung, in die Berge. Zum Wandern, Klettern, Extrembergsteigen und – zum Genuss. Mit oder ohne Bohrhaken, mit oder ohne papierne Ethik und heroische Gesinnung. Hauptsache: mit Spass an der Sache und Respekt vor der Umwelt.

Und die Berge? Wenn sie über das «Jahr der Berge» schmunzeln könnten, würden sie es wohl tun. Vielleicht würden sie gar ein «Gipfeltreffen zum Jahr der Berge» einberufen. Auf irgendeiner wunderschönen grünen Badeinsel im Indischen Ozean. Der Everest würde seine geplagte Seele baumeln lassen und vor Wonne dahinschmelzen, Montblanc und Matterhorn würden mit Bloody Mary und Gin Fizz anstossen und sich kichernd über die Menschen unterhalten, die an ihren Flanken herumstolpern. Vom Kongress der Tiere zum Kongress der Berge: Der Eiger, erfahren in Sachen Public Relations, übernähme das Protokoll, Marmolada und Grossglockner wären als würdige Vertreter der Ostalpen präsent, der Kilimandscharo verkörperte die Stimme Afrikas, Denali und Aconcagua jene Amerikas. Trolltinden, Spitzkoppe und Spantik gefielen sich in ihrer Rolle als Regionenvertreter. Und interessierte Teilnehmer – vom Pobeda über den Pumori zum Paradiso – brächten die Anliegen der Masse vor.

Am Schluss wären sich die Berge einig darüber, dass sie im «Jahr der Berge» keinen Sinn sähen. Vielleicht habe es gar keinen tieferen Sinn, würde darauf der Nanga Parbat, bekannt als ewiger Provokateur, in die Runde werfen; vielleicht sei sein einziger Sinn, dass die Menschen – und nun auch sie, die Berge – einen Grund hätten, sich zu treffen. Das sei ja letztlich auch der darbenden Weltwirtschaft zuträglich. Prustend würden sich darauf die versammelten Gipfel zuprosten, es gehe wenigstens nur noch zweieinhalb Monate, bis der Spuk vorbei sei. Und vielleicht, als Hausaufgabe, könne der eine oder andere unter ihnen in der verbleibenden Zeit noch etwas mehr über den Inhalt dieses eigenartigen «Jahrs der Berge» in Erfahrung bringen. Etwas, das über das viele Gerede hinausginge.

Krimi in den Bergen

Es geht lustig zu und her in den Bergen. Besonders, wenn ein Paar oder zwei Personen, die es noch werden wollen, zusammen unterwegs sind. Der Mann vorne, die Frau hinten und dazwischen oft alles andere als Harmonie. Vor allem beim Klettern scheinen Paare häufig in über Jahrhunderte gefestigte Rollen zu fallen: Sie unterstützt ihn, der am scharfen Ende des Seils vorsteigt, er schimpft mit ihr, wenn sie nicht gewandt und geschickt nachkommt. Noch schlimmer: Wehe, sie gibt ihm das Seil nicht aus, wie er es sich vorstellt. Oder sie sichert ihn über den Standplatz und nicht über den Körper, wie er es für richtig hält (aber aufgepasst – bei einem neuen Kletterpartner kann das einzig Richtige das total Falsche sein). Oder sie fühlt sich unter Druck gesetzt und klettert entsprechend schlecht oder hat Angst bei einer Skitour, die über einen ausgesetzten Hang führt. Wir könnten Stunden erzählen – die Spiele und Muster des Alltags leben in den Bergen fröhlich weiter, und zwar in akzentuierter Form. Und wachsen je nach Grösse der Tour und der Überforderung. Weil Bergsteigen eben oft mit Anspannung oder gar Angst verbunden ist. Wie viele Geschichten von Männern haben wir uns schon angehört, die bedauernd erzählten, wie sie früher mit ihrer Frau in die Berge gegangen seien, mit ihrer Ungeduld aber alles verdorben hätten. Deshalb komme die Frau nicht mehr mit. Und überhaupt habe sie das Bergsteigen ganz aufgegeben.

Kürzlich haben wir eine spannende Variation der Geschichte vernommen: Ein Mann, Neueinsteiger, wird von einer Frau, von Beruf Bergführerin, zum Klettern mitgeschleppt. Davor wurde er von anderen Frauen sanft ins Klettern eingeführt, konnte bereits einen fünften Grad vorsteigen, war begeistert und stolz. Die Bergführerin denkt sich, wenn er einen Fünfer kann, wird er auch einen sechsten Grad packen. Erschwerend kommt hinzu, dass er in sie verliebt ist. Sie vielleicht auch in ihn, aber sie ist sich da nicht so sicher.

Sie gehen also zu schönen, steilen Felsen hoch über dem Tal und steigen ein. Die Route ist viel zu schwer für ihn – er, der ihr gefallen möchte, bleibt hängen wie ein Kartoffelsack, sie zieht ihn Seillänge um Seillänge hoch, wird dabei kantig wie der Kalk und immer wütender. Ob auf sich selbst oder auf ihn, auch da ist sie sich nicht sicher. Vorsichtshalber lässt sie deshalb die Wut an ihm aus. Die Tour endet mit einem melancholischen Abstieg: Er ist völlig geknickt und will nie mehr zum Klettern, sie übt sich reuevoll in Selbstkritik. Danach sehen sie sich vorläufig nicht mehr.

Der Zufall will es, dass wir an den gleichen Felsen auch schon Interessantes erlebt haben. Zum Beispiel eine Szene, nach der wir, zum ersten und einzigen Mal in unserem Leben, dem beteiligten Mann eine Ohrfeige verpassten. Eine inbrünstige, deftige, wundervolle Watsche. Er, ebenfalls temperamentvoll, wollte uns daraufhin ermorden. Das wäre uns in dem Moment völlig egal gewesen, was wir ihm auch gleich sachlich mitteilten. Darauf entschied er sich anders. Fazit: Das Leben in den Bergen ist schwierig, gefährlich und nagt an der Psyche. Wegen uns Menschen, nicht wegen der Natur.

Heilige Berge

Es ist wie ein Spuk. Es müssen Hunderte von Menschen sein, die sich mitten in der Nacht aufmachen, um den 2285 Meter hohen Mosesberg auf der ägyptischen Sinai-Halbinsel zu erwandern. Jenen heiligen Berg also, auf dem Moses von Gott die zehn Gebote erhalten haben soll. Ausgangspunkt: das uralte griechisch-orthodoxe Katharinenkloster. Stimmen in der Nacht, noch einen Kaffee oder einen Tee, hier Italiener, dort Norweger, drüben Deutsche und Schweizer, da die Einheimischen. Die Gruppe «Abraham» setzt sich, mit Taschenlampen ausgerüstet, in Bewegung und tritt aus den Klostermauern auf den breiten Weg. An seinem Rand Beduinen, die ihre Tiere Wanderunlustigen anbieten: «Camel, camel! You want a camel?» Wir wollen nicht, gehen weiter, werden plötzlich von hinten von einer Kamelschnauze zur Seite geschubst, während über uns am Wüstenhimmel Sternschnuppen herunterpurzeln. Eine nach der anderen. Es ist kalt, eisig kalt. Von weiter oben der Blick hinunter auf die bequemen Serpentinen des Weges, auf dem sich eine Lichterkarawane langsam hochbewegt.

Dann die Stufen zum Gipfel und schliesslich nach zwei, drei Stunden die Ankunft oben. Kleine Bretterbuden, in denen Beduinen «coffee, tea, chocolate, blankets!» anpreisen und mit ihren Diensten den modernen, frierenden Pilgern aus aller Herren Länder die Wartezeit bis zum Tagesanbruch verkürzen. Es geht lange, bis die Sonne aufgeht. Doch sie kommt, endlich: Das kalte Grau weicht einem rötlichen Ton, der immer kräftiger wird, bis schliesslich die Wüstenberge zu leuchten beginnen und die Sonne alle Farben verbrennt bis auf dieses eine, verheissungsvolle Rot.

Hinunter geht es über den Stufenweg mit beinahe viertausend Granittritten, der durch ein fantastisches Tal am Gärtchen des Propheten Elias vorbei und durch einen immer enger werdenden Canyon zurück zum Kloster führt.

Der Trubel an dieser Stätte, die eine der wertvollsten Ikonensammlungen der Welt und den brennenden Dornbusch beherbergt, wo Gott dem Alten Testament zufolge Moses erschien, passt nicht zur Kargheit der grossartigen Natur. Und auch nicht zu unserem Wunsch, unseren Gedanken nachzuhängen. Welchen Glauben wir auch immer haben: In den Bergen können wir ihm näher sein. So werden wir wieder aufbrechen, um unsere eigenen heiligen Berge zu finden, die nicht unbedingt mit einem Dokument oder der Kirche zu tun haben. Aber sehr wohl mit unserer inneren Überzeugung, dass das Leben von einer Kraft gelenkt ist, die über unserem irdischen Schicksal steht.

Gipfelkuss mit Schweizer Armee

Vielleicht sollte man das den bergsteigerischen Laien einmal erklären: Die Ankunft auf einem Gipfel, ob gross oder klein, ist nicht irgendein gewöhnlicher Moment, in dem man innerlich das Ziel abhakt, das man erreichen wollte, einen Blick in die Runde wirft, um darauf bald wieder ins Tal aufzubrechen. Nein, die Ankunft auf einem höchsten Punkt ist unter Bergsteigern mit Ritualen verbunden, die natürlich je nach Schwierigkeit der Tour, dem Erschöpfungsgrad der Beteiligten, den äusseren Verhältnissen – Wetter, Zeit der Ankunft usw. – sowie der Zusammensetzung und Art der Beziehung innerhalb einer Seilschaft oder einer Gruppe angepasst werden: Einmal sind sie kameradschaftlich ungezwungen, manchmal kurz und still, wenn ein langer Abstieg ruft, hie und da zärtlich genussvoll. Wir wollen uns hier nicht über die Details auslassen, aber erzählen, was einem auf einem ganz gewöhnlichen Berg so passieren kann.

Die Skitour hat uns auf einen klassischen Gipfel im östlichen Berner Oberland geführt: den Wildgärst oberhalb des Rosenlaui. Ein schöner Aufstieg mit grossartigem Blick auf die Nordabbrüche des Wetterhorns, auf die Schreckhorn- und Fiescherhornkette und die Mittellegi-Seite des Eigers, der von hier aus wie ein schmaler, aufgestellter Pappkarton wirkt. Wir freuen uns schon auf die direkte Abfahrt hinunter zur Schwarzwaldalp, dessen auch im Winter geöffnetes Bergrestaurant mit Sonnenterrasse jene tiefe Bräune verspricht, mit der man zurück in der Stadt immer «bella figura» macht. Nicht nur wir sind an diesem Tag unterwegs. Gemsen grasen an den ersten aperen Hängen, und über uns donnern Flugzeuge durch die Luft: Die auf dem nahen Militärflugplatz bei Meiringen stationierten Jets werden ausgeführt. Wir sind an diese Geräuschkulisse gewöhnt, und auch die Gemsen lassen sich dadurch längst nicht mehr stören.

Der Gipfel. Das Ritual beginnt: Rucksack und Ski weg, Felle ab und zum Trocknen an den Skispitzen aufhängen, verschwitztes Hemd wechseln, Jacke anziehen. Und dann sind wir bereit zum Gipfelkuss, hart an der Abbruchkante, wo der Berg zur anderen Seite hin abrupt abfällt. Bevor wir uns umarmen, sehen wir den eleganten Wendemanövern der Düsenflugzeuge zu, deren Piloten auf der nahen Alp unter uns Zielschiessen ausführen. Dann halten wir uns fest und setzen zum Kuss an. In diesem Moment gibt es über uns einen Knall und einen Luftstoss, der uns fast über die Kante wirft und unsere Herzen einen Satz machen lässt: Zwei F/A-18 sind wenige Meter über unseren Köpfen durchgedonnert, und wir konnten sie bis zum Augenblick, wo sie genau über uns waren, nicht hören. Zwei schlaue Piloten, die ihre Bubenträume ausleben? Um ein Haar wären wir bei unserem Gipfelkuss abgestürzt. Wer hätte später den Grund eruieren können, wer hätte gewusst, dass die Schuld bei der Schweizer Armee lag? Nachdem wir uns vom Schrecken erholt haben, umarmen wir uns trotzig gleich nochmals. Dieses Mal lässt uns die eidgenössische Luftwaffe in Ruhe. Wir bedanken uns.

Berge von Verletzungen

Sport ist gesund. Hört man Bergsteigern zu, zweifelt man allerdings am Wahrheitsgehalt dieser Aussage: Verletzungen sind in der Szene ein unerschöpfliches Thema. Beispiele gefällig? Die Bekannte eines Freundes hat auf der letzten Skitour diverse Bänder gerissen; sie telefoniert, um unsere Ansichten und Ratschläge zum Thema Kreuzband einzuholen. Denn diesbezüglich gehören wir zu den Spezialisten (andere Freunde kennen sich besser in Ostheopathie, Bioresonanz und Kinesiologie aus). Wir können Namen von Kliniken und Kuren bieten sowie schmerzliche Erinnerungen unserer eigenen Leidensgeschichte.

Das ist allerdings noch nichts im Vergleich zu den wahren «Helden»: Da gibt es solche mit bis zu drei Knieoperationen pro Bein und einem weiteren Eingriff, um das schiefe Bein zu richten und zu verlängern. Oder dann das: Ein Bergprofi klagt über seinen verletzten Fuss; er ist beim Eisklettern runtergefallen. Dabei wären doch jetzt, nach zwei Jahren Rehabilitation, seine durch einen Unfall lädierten Handgelenke endlich wieder in Ordnung. Sein Kollege, ein Nachwuchsstar, ist an der gleichen Stelle gestürzt, ohne sich weh zu tun. Dafür hat er ein paar Tage später auf dem Heimweg von einem Bergvortrag das Auto zerlegt – Totalschaden. Zu diesem Vortrag kam auch die Bekannte, die seit Monaten wegen ihrer Schulterprobleme nicht mehr klettert. Im Gegensatz zu jenem Kameraden, der seine schmerzenden Ellbogen eben soweit im Griff hatte, dass er wieder ins überhängende Gelände konnte; allerdings haben ihm unachtsame Kinder einen Skiliftbügel an den Arm geschmettert, weshalb nun sein labiles physisches Gleichgewicht wieder angeschlagen ist. Das psychische ist sowieso dahin: Wenn er eine Woche nicht klettern kann, geht es ihm schlecht. Das kann ihm der bekannte Kletterer und Bergführer nachfühlen, der einmal mehr verzweifelt an seinem Rücken herumlaboriert.

Seine Freunde erzählen ihm vom tollen Neuschnee, während er auf dem Sofa liegt. Energiebündel wie er sind nun aber mal keine Couch-Potatoes und werden in einer solchen Situation mit ihrem Umfeld inkompatibel. Wir kennen das von uns selbst; etwa, wenn wir wegen einer Amöbenruhr (die Viecher haben wir uns auf einem Bergtrekking geholt) flach liegen und sozial unverträglich sind. Wenn wir dann in jämmerlicher Stimmung im Bett liegen und uns nicht trauen, einen Blick hinaus in die herrliche Winterlandschaft zu werfen, dann zweifeln wir an vielem. Auch daran, dass Sport gesund ist. Na ja, seien wir ehrlich: Vielleicht ist das Bergsteigen für Kopf und Herz gesund. Aber für den Körper gäbe es wohl tatsächlich Besseres.

Everest-Bücherberg

Kürzlich traf das neue Büchergestell ein. Sämtliche vorhandenen waren hoffnungslos überfüllt mit Bergen von Bergbüchern. Im noch leeren Möbelstück sparten wir genau dreiundsechzig Zentimeter, das heisst die Länge eines Regals, für den Everest aus: Da kamen erst einmal die alten Bücher zu stehen, jene von Hunt, Ruttledge, Hillary und wie die Autoren alle heissen. Dann fügten wir nahtlos die in den letzten zehn Jahren erschienenen Bücher vom Dach der Welt an. Bald aber kam unsere vermeintlich sorgfältig durchdachte Planung ins Schleudern: Die Everest-Bücher fanden nicht auf einem einzigen Regal Platz. Ein zweites musste her. Dass der Everest viele Menschen offenbar bis an ihre körperlichen und geistigen Grenzen und darüber hinaus treibt, verraten schon einzelne Buchdeckel: Während der Bericht des Erstbesteigers Hillary noch lakonisch «Ich stand auf dem Everest» hiess, lauten die Titel heute «Bis zum Äussersten», «Die letzte Herausforderung» oder gar «Für tot erklärt». Zwischen den Deckeln eine Inflation des «Extremen» auf Papier.

Am Everest geht es bunt zu und her. Und ein Ende ist nicht abzusehen: In jedem Frühling, der statistisch erwiesenermassen besten Jahreszeit für eine Besteigung, tummeln sich Hunderte von Menschen in den Basislagern am Berg und sorgen für Geschichten, Gespräche und schliesslich auch Gedrucktes. Bizarr, ja beinahe makaber – oder müsste es heissen zutiefst menschlich? – an diesem andauernden «Höhenrausch» mutet sein Ursprung an: eine Tragödie. Die Katastrophe vom Mai 1996, als am Everest innerhalb von wenigen Tagen elf Menschen ums Leben kamen. Das fesselnde Werk von Jon Krakauer, «In eisigen Höhen», in dem er das Desaster schilderte, war der Auftakt zu einer wahren Everest-Manie.

Inzwischen sind Dutzende mehr oder weniger sinnvolle Bücher zum Thema Everest erschienen, oft in Verlagen publiziert, die früher keinen Rappen in die Sparte Bergsteigen investiert hätten. Die hohen Berge sind plötzlich in aller Leute Mund, und Anbieter von Reisen an Prestigeziele wie Ama Dablam, Cho Oyu oder Everest haben Hochkonjunktur. Neben ihnen breitet sich ein Meer von Gipfeln aus, an denen man allein unterwegs wäre. Oder haben Sie schon einmal etwas vom Gyachung Kang gehört? Wer dennoch an den Everest will: Es sind noch achteinhalb Zentimeter Platz im neuen Büchergestell!

Ruhe vor dem Sturm

Noch ist es kalt im nepalesischen Everest-Gebiet: Eisblumen schmücken die Fenster der Häuser, Schnee liegt an schattigen Plätzen, die Kartoffeläcker werden zum Pflanzen vorbereitet. Es ist Mitte März, und im Khumbu herrscht die sprichwörtliche Ruhe vor dem Sturm: Die Expeditionen zum Everest sind noch nicht da. Eingetroffen ist bereits ein Teil des Materials der Gruppen, das mit einem russischen Helikopter auf 3700 Meter und von hier auf Yakrücken zum Basislager transportiert wird. Sonst herrscht das übliche Treiben: Träger aus dem Unterland, meist aus dem Volke der Rai oder der Tamang, sind mit Lasten von achtzig, neunzig und mehr Kilos unterwegs; Trekker erkunden die Täler und verkriechen sich abends in den kalten Lodges, während über den grossartigen Gipfeln des Khumbu die Sonne untergeht. Ang Pasang aus dem Dörfchen Pangboche, bekannter Sirdar, also der Leiter der Begleitmannschaft eines Trekkings oder einer Expedition, geht eineinhalb Stunden zu Fuss zum nächsten funktionierenden Telefon, um Informationen über seine bald eintreffenden Gäste einzuholen. Ang Temba, der 1991 anlässlich der ersten reinen Sherpa-Expedition auf dem höchsten Berg der Welt stand, ist mit Trekkern unterwegs; er lächelt über die vielen westlichen Menschen, die heuer zum Everest wollen, betont aber auch, dass sie den hier ansässigen Sherpas «gute Arbeit» bringen. Allerdings hofft er, dass nicht zu viele Bergsteiger darunter sind, die bei einem Nichterfolg den einheimischen Helfern die Schuld für ihr Abblitzen geben…

Sergei, russischer Helikopterpilot, und der Flugingenieur Albert aus dem Kaukasus freuen sich auf die Expeditionen – die vielen Shuttle-Flüge verkürzen ihre langen Tage weit weg von ihren Familien in Russland; und wenigstens verdienen sie hier, im Dritte-Welt-Land Nepal, gutes Geld mit dem Fliegen – im Gegensatz zu ihrer Heimat. Panuru Sherpa, der schon mehrere Male auf dem Everest stand und in der Zwischensaison mit seiner Familie eine Lodge im Dorf Phortse betreibt, rüstet sich für seine nächste Reise an den Gipfel der Welt – «business as usual» für ihn, den stets freundlichen und hilfsbereiten Sirdar, wie für viele andere seines Volks, von denen einzelne über zehnmal auf dem Dach der Welt standen. Derweil werden im Basislager die ersten Plätze bezogen: Wer zuerst kommt, liegt am besten und kriegt die sonnigsten und flachsten Stellen, um das Zelt aufzubauen. Ang Temba lacht: Er und Lopsang Sherpa, ebenfalls erfahrener Sirdar, sind sich einig, dass es im Basislager zu und her gehen wird wie im Ason Chowk, dem betriebsamen alten Geschäftsviertel von Katmandu – «fights und flirts» werden die kleine Stadt der Sehnsüchte prägen, die für zwei Monate am Fusse des Berges aufgebaut wird.

Dabei werden die mit sich beschäftigten Bergsteigerinnen und Bergsteiger wohl hie und da vergessen, wer die wahren Helden im Everest-Zirkus sind: die einheimischen Träger und Helfer – ob sie nun aus dem Volke der Sherpas oder aus anderen Völkern stammen. Sie sind die eigentlichen Wegbereiter zum Gipfel der Eitelkeit.

Panzersperre

Anfang Juni – die Jahreszeit für Skitouren ab hohen Passstrassen. Zwei Frauen verabreden sich für einen solchen Ausflug. Doch die Zeichen stehen von Anfang an schlecht: Morgens um fünf telefoniert die eine (Bergführerin) der anderen (Normalbergsteigerin), ob sie noch über ein zweites Paar Ski verfüge. Ihre stünden nämlich zum Wachsen im Sportgeschäft, wie sie eben gemerkt habe. Und überhaupt teile sie sich mit ihrem Freund (ebenfalls Bergführer) diese Ski. Das ungewöhnliche Ski-Sharing funktioniere folgendermassen: Ihr gehören Ski und Felle, ihm Bindung, Harscheisen, Skistopper und Stöcke. Und die Voraussetzung sei, dass er fast nie auf Skitouren gehe. Die andere Bergsteigerin hat kein zweites Paar, also packt ihre Bekannte das Snowboard ins Auto und bemerkt dabei, ein Marmeladebrot essend, der ganze Marschtee sei beim Packen in den Rucksack ausgelaufen, sie wisse nicht, was dies bedeute.

Fahrt Richtung Pass. Dann abrupter Stopp: Panzer stehen im Weg. Ein junger, Wache haltender Soldat fragt, wohin sie wollen. «Auf diese Seite dürfen Sie nicht, da begeben Sie sich in die Schiesszone!» offenbart er den zwei Frauen verlegen. Und auf der anderen, sicheren Seite gibt es zwar eine Tour, aber für Snowboard-Tourengeher ist sie wegen ihrer flachen Passagen nicht geeignet. Die Frauen stellen naive Fragen, die der Soldat sichtlich amüsiert beantwortet, erstaunt, dass ihm an diesem Morgen jemand freundlich begegnet und ihm nicht vorwurfsvoll die Schuld für das militärische Scharfschiessen anzulasten versucht. «Ach ja», bemerkt er noch nebenbei, «und wenn Sie wirklich hier hochfahren, müssen Sie am Nachmittag beim Hinunterfahren lange Wartezeiten in Kauf nehmen.» Und er erklärt den interessierten Frauen auf der an den Panzer gehängten Landeskarten-Kopie, wo die sieben Panzer stehen werden (mitten auf der Strasse, natürlich). Da reicht es der Bergführerin: «Ski nicht da, Tee ausgelaufen, Schiesszone, Panzersperre – klare Zeichen, dass ich heute keine Skitour unternehmen sollte!», ruft sie aus. Kurz darauf wenden die zwei Frauen den Wagen mitten auf der Strasse und brechen die Tour ab, bevor sie angefangen hat. Kaffee, Heimfahrt, Kleiderwechsel und Aufbruch zu einer kleinen Frühlingswanderung.

Abends freuen sich die zwei Frauen über den schönen Tag und darüber, dass sie gewisse Zeichen – vielleicht Winke des Schicksals – ernst genommen haben. Nur auf eine Frage finden sie keine Antwort: Wären zwei Männer in der gleichen Situation auch umgekehrt?

Nächtliche Betrachtungen

Für alles gibt es beim Bergsteigen eine Lösung: Wer zu ängstlich oder unsicher ist, geht mit Bergführer. Wer nicht gerne schwer trägt, kauft modernste Leichtgewichts-Ausrüstung. Wer die Höhe nicht verträgt, sucht sich tief gelegene Ziele. Wer Angst vor dem Tiefschneefahren hat, besucht ein Powdercamp. Wer schwindelanfällig ist, absolviert ein Anti-Angst-Seminar beim Diplompsychologen.

Wer unkonventionelle Kleidergrössen hat, lässt sich Ausrüstung auf Mass schneidern. Wer keine Kletterfreunde hat, tritt in den Alpenklub ein und findet welche. Nur einer Problematik sind bis jetzt kein Verein, kein Experte, kein Mediziner, kein Buch, kein Magazin und kein Kongress beigekommen: den Tücken einer klassischen Hüttennacht.

Es sind vor allem zwei Probleme, die es zu betrachten gilt. Das erste betrifft die Schnarcher. Die Schwierigkeiten beginnen mit der Selbsteinschätzung dieser Kategorie: Die meisten unter ihnen behaupten steif und fest, sie würden niemals schnarchen. Aber, falls es ausnahmsweise doch einmal geschehen sollte, solle man sie natürlich unverzüglich wecken. Gesagt, getan: Als die betreffende Person – zum Beispiel der eigene Vater, mit dem man die ersten Touren absolvierte, oder in späteren Jahren andere Partner – nach spätestens dreiundvierzig Sekunden die erste Schnarcheinheit von sich gibt, versetzt man ihr einen Stoss in die Rippen. Die Reaktion ist immer die gleiche: Der Schnarcher fährt einen lauthals protestierend an, es sei nicht möglich, dass er ein Geräusch von sich gegeben habe, schliesslich sei er noch gar nicht eingeschlafen.

Und so geht das dann weiter, die halbe Nacht: Er, uneinsichtig, ärgert sich von Mal zu Mal mehr, wenn man ihn auf sein Schnarchen aufmerksam macht. Sie (denn oft ist die betroffene Begleitperson eine Sie) wird ebenfalls immer wütender, schämt sich zudem vor den Mitinsassen des Schlafraums und zischt deshalb ein immer giftigeres «Psssst» zurück. Irgendwann rechnet sie resigniert aus, ob es zeitlich noch sinnvoll wäre, ein Schlafmittel einzuwerfen. Das macht sie dann, mit dem Resultat, dass sie die ersten zwei Stunden der Hochtour im Dämmerzustand erlebt.

Das andere Problem – es hat mit dem Austreten in den Bergen zu tun – betrachten wir besser ein anderes Mal. Es würde den Rahmen dieser Geschichte sprengen.

Lagerauswertung

Beim Abstieg von der Hütte nach einem sonnigen «Familienbergsteigen»-Lager sind sich die zwei Buben einig: Das Schönste an der Woche waren – in dieser Reihenfolge – a) der Klettergarten beim See und b) die Tussi-Party am letzten Abend. Organisiert hatten diesen Höhepunkt jene Mädchen, die Anfang der Woche auch den Tussi-Club ins Leben gerufen hatten. Ob seine Gründerinnen (die übrigens den Schweinchen-Club der kleineren Mädchen sowie alle anwesenden Buben locker dominierten) den negativen Beigeschmack der Bezeichnung Tussi bereits kannten, entzieht sich unserer Kenntnis. Wohl kaum.

Am letzten Morgen der Woche hängen jedenfalls Einladungs-Flugblätter mit folgendem Inhalt an den Türen der Hütte: «Tussi-Party. Heute um 20.30 bis ?. Für alle Kinder des Bergsteiger-Lagers. P.S.: Für Eltern und Leiter verboten! Treffpunkt: Aufenthaltsraum.» Im Laufe des Tages steigt die Nervosität, vor allem bei den Knaben. Es geistern nämlich Gerüchte herum, dass es bei der Fete Spiele geben werde, bei denen Küssen Trumpf sei. Auf die Frage, wohin denn geküsst werden soll, antwortet der Siebenjährige mit kugelrunden Augen, ernstem Gesicht und unheilschwangerer Stimme: «Auf den Mund. Obligatorisch!» Gegen den Nachmittag hin sind die Buben beim Klettern immer weniger bei der Sache, und einige der älteren unter ihnen melden sich vorsichtshalber schon mal frühzeitig von der Party ab – mit coolen Gesichtern und zittrigen Gefühlen.

Gegen Abend wird das Festfieber noch kurz von der Kristallsuche übertrumpft, als rund um die Hütte kleine Quarzspitzen gefunden werden. Dann folgen das grosse Spaghetti-Essen, die Lagerauswertung (die einen Kinder finden: der Tussi-Club war gut; die anderen Kinder finden: der Tussi-Club war schlecht) – und danach geht es ab zur Party ausserhalb der Hütte. Alle

«Überzwölfjährigen» werden konsequent ausgeschlossen, die Erwachsenen sind für einmal unter sich. Hie und da ein Kichern, Lachen, ein paar Rufe, sonst ist nicht viel zu hören. Um halb elf, eine halbe Stunde nach offizieller Hüttenruhe, sinken die Kinder erschöpft ins Bett.

Was nun eigentlich genau auf der Tussi-Party gelaufen ist, das haben wir bis heute wegen des Durcheinanders und der verschiedenen Versionen der Geschichten und Erzählungen nicht richtig kapiert. Nur auf eine Frage haben wir eine kristallklare Antwort erhalten: Geküsst wurde, und wie. Aber nur auf die Hand. Obligatorisch.

Platzangst in der Wüste

Namibia ist unermesslich gross und weit. Wer hätte gedacht, dass ich gerade hier, mitten in der riesigen Namib-Wüste, Platzangst kriegen würde? Genau so ist es aber: Ich bleibe an der Spitzkoppe im schmalen, finsteren Durchschlupf oberhalb des «Three Step Chimney» stecken.

Die Spitzkoppe. Eines der vielen so genannten Matterhörner der Erde, eine fantastische Formation aus rötlichem Granit, die mitten aus der Wüste im Land des schwarzen Volkes der Damara aufragt. Am Abend geht die Sonne blutrot über der Namib unter. Ihr Licht scheint kitschig durch die uralten, knorrigen Kameldornbäume. Dann verschwindet der Feuerball, und die Zeit der Geckos bricht an mit ihren Rufen, die an ein abgehacktes Lachen erinnern.

Doch hier oben, in diesem verdammten Kamin an der Spitzkoppe, sind diese Bilder weit weg, und Namibia ist nur noch beklemmend eng und dunkel wie die Nacht. Ich fluche, gerate in Panik, stosse auf allen Seiten schmerzhaft an. Von unten kommen gute Tipps von zwei Männern, die ich ins Pfefferland wünsche, vorne zieht der junge namibische Biologe André erst meinen Rucksack hoch und zerrt dann an den Teilen, die er von mir zu fassen kriegt. Als Einziger scheint er meinen klaustrophobischen Anfall zu verstehen. Der namibische Kletterpionier Eckhardt dagegen meint grinsend, Platzangst sei vergleichbar mit Höhenangst – man könne sie beim Psychiater behandeln lassen... Idiot, denke ich.

Wie auch immer. So oder so gleicht der Aufstieg zur Spitzkoppe einem Ausflug in eine andere Welt. Er beginnt mit stundenlanger Kraxelei vorbei an schneeweissen Butterbäumen und duftenden Tamarisken. Erst die letzten fünf Seillängen der Kletterei erinnern an Vertrautes, dann auch das Gipfelbuch mit seinen Geschichten – wie die jener Partie, die 1946 zwei Versuche unternahm, einen Seilriss überlebte und beim Biwakieren die Hyänen unter sich heulen hörte. Sie brach schliesslich ab und überliess die Erstbesteigung einer anderen Seilschaft im gleichen Jahr.

Als ich vom Gipfel der Spitzkoppe meinen Blick über die Weiten des Damaralandes schweifen lasse, frage ich mich, was eigentlich die Legitimation für das Aufsuchen solch exotischer Kletterziele sei. Vergnügen? Selbstbestätigung? Reiselust? Klettern ist nur Vorwand, Garnitur, geht es mir durch den Kopf; eine wirkliche Rechtfertigung ist vielleicht nur das unterwegs Erfahrene – über sich selbst und über die besuchten Menschen. Und immer wieder das staunende Erleben dessen, was uns alle verbindet: der fragile Planet, auf dem wir leben.

Impressionen vom Top of Europe

Der erste Zug kommt knapp vor 9 Uhr morgens am Jungfraujoch an. Bald darauf öffnet sich das Stollenloch, der Ausgang zum Aletschgletscher. Es treten heraus: ein Bergführer mit entschlossenem Gang und zwei Mönchs-Anwärtern (gemeint ist der Berg, nicht der Beruf) im Schlepptau; ein japanischer Bub, der in den Schnee purzelt; seine Mutter, die die Landschaft ausschliesslich durch den Sucher ihrer Videokamera betrachtet; drei potenzielle Jungfrau-Besteiger, die zuerst einmal über das beste Anseilverfahren diskutieren (hätten sie das nicht daheim erledigen sollen?); ein amerikanisches High-Tech-Climber-Paar, er stramm voraus, sie keuchend hintendrein; ein Schweizer Pärchen, sie fragt ihn, was denn das für ein Gletscher sei, er antwortet, natürlich der grösste der Alpen; und dann noch eine Gruppe von Chinesen, von denen einer hustet, einer nach Atem ringt und der dritte aschgrau rechtsumkehrt macht und verschwindet.

Alltag auf dem «Top of Europe» auf 3454 Metern Höhe: Es ist ein wolkenloser, fantastischer Herbsttag, die Berge ringsum leuchten unter dem frischen Neuschnee wunderbar weiss. Durch die grossen Fenster des Gebäudes wirkt die Natur unveränderbar und unbeweglich. Erst wenn man hinaustritt, wird sie lebendig – Steine purzeln aus der Südwand des Mönchs, Schritte knirschen auf dem Schnee, die Dohlen segeln spielerisch im Aufwind, ein Sérac unter dem Rottalsattel bröckelt ab. Wir sind heute nicht zum Bergsteigen, sondern nur zum Besuch hier, und haben alle Zeit der Welt, uns umzuschauen.

Drinnen, vor der Kaffeebar, herrscht reger Betrieb. Die neckischen Schuhe einer jungen Japanerin, von denen Schneekristalle als Wassertropfen abperlen, werden von ihren Freundinnen ausgiebig bestaunt. Ein anderer Japaner posiert für das Foto mit einem durch die Höhe bis zum Zerplatzen aufgeblasenen Sack Pommes Chips. Und ein Koreaner kommt mit einem halben Meter langen Eiszapfen in die Halle und wirft ihn mit einem Schulterzucken in den von der Sonne beschienenen Papierkorb. Es folgt ein Grüppchen Amerikaner, die Männer mit Cowboy-Hüten, die Frauen – hinter den Fenstern ist es bestimmt 25 Grad warm – behandschuht und bekappt. Offensichtlich von Kopfweh geplagte Spanier legen ihr dröhnendes Haupt auf ein Tischchen. Flop of Europe? Drei ältere Schweizerinnen am Nebentisch diskutieren eine Fernsehsendung von gestern Abend, und ein Kellner wartet auf seine Apérogäste, die immer noch nicht eingetroffen sind, während der Weisswein langsam warm wird.

Ursprünglich war die Jungfraubahn bis zum Gipfel des gleichnamigen Berges geplant. Ihr Initiator Adolf Guyer-Zeller muss ein Visionär, ja ein Verrückter gewesen sein, tief überzeugt vom Fortschritt der Technik. Der Bau seines grossartigen Werks verschlang 16 Jahre und 15 Millionen Franken. Als es 1912 beendet war, hätte wohl noch niemand gedacht, dass die Bahn heute an Spitzentagen über 5000 Personen zum Jungfraujoch befördert. Wo viele Leute sind, braucht es auch viel zu essen; Renner bei den asiatischen Gästen ist eindeutig der Instantnudeln-Suppentopf Nong Shim big, Shin Cup. Passt schliesslich perfekt zum Jungfraujoch: Hot and Spicy – Top and Icy. Ein Ort, der immer einen Besuch wert ist. Hie und da auch nur zur beschaulichen Betrachtung.

Schuhgeschäfte

Weihnachten steht vor der Tür. Für unsere nepalesischen Bekannten – meist Buddhisten oder Hindus – hat das Fest keine Bedeutung. Fragten wir sie, Träger, Küchenjungen und Führer, aber dennoch nach einem Weihnachtswunsch, würde die Antwort oft lauten: «Ein Paar gute Schuhe!» Den Beweis, wie begehrt robuste und gut verarbeitete Schuhe in diesem Land sind, in dem sich nach wie vor ein grosser Teil des Lebens zu Fuss abspielt, lieferte uns das letzte Trekking. Unterwegs, vor dem hohen Pass, den es zu überschreiten galt, verteilten wir von daheim mitgebrachte Ausrüstung – darunter Turn- und Bergschuhe – an unsere Begleiter. Das Material wurde zu Häufchen sortiert, mit Nümmerchen versehen und verlost. Keiner unter den 24 Trägern und elf Küchenjungen, der nicht auf ein Paar Schuhe gehofft hätte… Phurba Sherpa machte es geschickt: Er präparierte die Nummer 19; sie gehörte zu den Bergschuhen, auf die er es abgesehen hatte. Und er hatte Glück: Obwohl alle Träger und drei Küchenjungen vor ihm an die Reihe kamen, lag die 19 noch in der kleinen Schüssel – worauf er sie johlend zog und stolz mit den roten Schuhen abmarschierte. Niemand nahm es ihm übel, als er sich später zu seinem Trick bekannte. Seinen Spitznamen «Unnais», Neunzehn, hatte er von nun an allerdings sicher. Dass er am Fuss des Passes mit Verdacht auf Lungenödem vorzeitig umkehren musste, steht in einem anderen Kapitel.

Geschickt machte es auch Sharmila, die einzige Trägerin im Team: Sie heimste ein Paar Schuhe ein, die aber ihre eigene Fussgrösse um sechs Nummern übertrafen. Darauf begann sie zu handeln. Geboten wurden ihr erst 1000 Rupien, zwanzig Franken, sie forderte 1500. Die Verhandlungen erstreckten sich über drei lange Wandertage, bis sie schliesslich bei 1150 Rupien in den Verkauf einwilligte – und sich damit viereinhalb Träger-Taglöhne einhandelte. Ebenso geschickt machte es «Mr. Jutta», Herr Schuh, ein starker, junger Träger, der die erhaltenen Turnschuhe gleich für 1000 Rupien an einen Führer weiterverkaufte. Noch am selben Tag erstand er sich für 2000 Rupien von einem anderen Träger dessen wunderschöne, fast neue Bergschuhe. Diese trug er zwei weitere Tage Richtung Pass, bis er dort, auf 4000 Metern Höhe, einen Tibeter fand, der ihm die Schuhe für 2750 Rupien abkaufte. Gewinn drei Taglöhne und zufriedene Gesichter rundum – oder: Weihnachten auf nepalesische Art!

Unterwegs zum Ursprung

Gangotri, 3050 m. Wir sind da. Angekommen, endlich, im nordindischen Garhwal-Himalaja. Unsere Reise hatte mit zwei Tagen Busfahrt von Delhi begonnen, bevor wir hier ausstiegen, den Körper durchgeschüttelt, den Kopf voller Eindrücke. Darunter ein Schild am Strassenrand: «Life is like icecream – enjoy it before it melts!» In der Tat.

Dass Gangotri zu einem der wichtigsten Pilgerziele des indischen Subkontinents wurde, liegt an seiner Lage: «Heilige Mutter Ganga» nennen die Inder den Fluss Ganges, der für den gläubigen Hindu das Symbol für den ewigen Kreislauf von Werden und Vergehen darstellt, ja, für das Göttliche schlechthin. Seine Quellflüsse entspringen im Garhwal, und der bedeutendste, die Bhagirathi, strömt aus dem Gletschereis oberhalb von Gangotri. Seit

Menschengedenken ziehen sich im Garhwal deshalb Sadhus, Swamis und Babas zurück: Jene frommen Männer also, die sich dem Göttlichen durch Studium, Askese und Versenkung nähern. Daneben wimmelt es von «gewöhnlichen» Pilgern, von denen viele ihre sämtlichen Ersparnisse opfern, um einmal im Leben dorthin zu reisen.

Von Gangotris Tempeln aus gelangen wir in einem Tagesmarsch zum Gletschertor, dem «Gaumukh» oder Kuhmaul auf 4000 Metern, wo die Bhagirathi aus dem Eis sprudelt und Pilger ein rituelles Bad im eiskalten Wasser nehmen. Unterwegs ergeben sich Gespräche: Da ist der Brahmane, der uns nach der «spiritual education» in unserem Lande fragt, worauf wir verlegen lächelnd nach einer Antwort suchen, die wir nicht finden. Oder dann die drei Männer aus Kerala, dem 3000 Kilometer entfernten Südzipfel Indiens, die von ihren alljährlichen monatelangen Pilgerreisen erzählen. Andere Gläubige sind auf Maultierrücken unterwegs, einzelne werden in Holzsänften von Trägern zum Ziel ihrer Wünsche und – glückstrahlend – zurück nach Gangotri gehievt. Unterwegs kehren wir bei einem Sadhu ein, der in einer zugigen Hütte haust. Er bietet uns Tee an, wir teilen unsere Schokolade mit ihm. Wer ist hier exotisch: Der seit Jahren hier oben abseits der Zivilisation in Lumpen lebende Mann mit hüftlangen Haaren und würdiger Ausstrahlung oder wir, die in High-Tech-Klamotten gehüllten und dennoch frierenden Westler, auf der Suche nach – ja, auf der Suche wonach?

Es regnet, als wir über den Gangotri-Gletscher zum Basislager des Sechstausenders Shivling aufsteigen. Die Wiese Tapovan am Fuss dieses heiligen Berges soll himmlisch schön gelegen sein. Als wir dort eintreffen, schneit es. Und es schneit die ganze Nacht weiter. Kein Gipfel zu sehen, nichts. Es ist Ende September und kalt. Ungemütliche Momente, in denen man am Sinn des Reisens zweifelt, sich nach einem warmen Zuhause sehnt und sich selbst wiederholt: Das eigentliche Ziel kann nur der Weg sein – genau so, wie es uns schon unsere Väter predigten. Doch als am nächsten Morgen die Sonne aufgeht, sind alle Zweifel weg: Hoch über der frisch verschneiten Märchenwiese, unerreichbar und doch nah, ragt der Shivling auf. Ein Blick auf den atemberaubenden Berg genügt, um zu verstehen, warum die Hindus ihn als Sitz des Gottes Shiva verehren.

Einen Tag später. Nandanban. Aus der Distanz wirkt manches gewaltiger, und das gilt auch für den Traumberg Shivling, der von hier aus gesehen wie eine überirdische Flamme in den Himmel schiesst. Erst als ein paar Wolken seinen Gipfel verhüllen, erheben wir uns aus unseren Freiluftsesseln und machen uns zum «See des Schlangenkönigs» auf, dem Vasuki Tal auf beinahe fünftausend Metern. Hier schlagen wir unser Basislager auf. Wir wollen versuchen, den Siebentausender Satopanth zu besteigen – und werden scheitern.

Als wir zwei Wochen später wieder beim Gletschertor des Gaumukh stehen, überkommen uns Gefühle, auf die wir nicht gefasst sind: Ehrfurcht, Dankbarkeit und die Melancholie des Abschieds. Wie gut versteht man hier, dass es Orte gibt, in denen die Menschen ein göttliches Element erkennen. Schweigend taucht jeder die Hände ins Wasser der heiligen Bhagirathi und nimmt kleine Steine mit auf den Heimweg vom Ufer des noch schmalen, aber ungestümen Flusses, der hier seine Reise zum fernen Golf von Bengalen antritt.

Und auch wir ziehen weiter, in der Hoffnung, immer wieder an einem Ort anzukommen, wo sich nicht nur Körper und Geist zu Hause fühlen, sondern auch unsere Seele.

Biografien

Christine Kopp wurde 1967 in Bern geboren. Sie wohnt am norditalienischen Comersee und in Bern. Nach der Ausbildung zur Übersetzerin begann sie 1991 mit der freiberuflichen Tätigkeit als Übersetzerin, Journalistin und Redaktorin mit den Spezialgebieten Alpinismus und Tourismus. Christine hat bisher elf Bücher aus dem Italienischen und Französischen übersetzt, darunter Werke von Bonatti, Cassin und Loretan. Bei der Neuen Zürcher Zeitung war sie von 1994 bis 2007 Redaktorin der Alpinismusseiten. Heute arbeitet sie in der Schweiz, Deutschland und Italien für zahlreiche Medien, Firmen und Verlage. Gemeinsam mit den Bergsteigern Thomas Ulrich und Stephan Siegrist sowie dem Kameramann Christoph Frutiger hat sie verschiedene Film- und Buchprojekte verwirklicht. Wenn Christine nicht gerade an ihrem Schreibtisch sitzt, in der Küche steht oder sich auf ihrem Sofa dem Filmeschauen und Bücherlesen widmet, ist sie oft in den Bergen oder auf einer Reise – dort faszinieren sie nicht nur weite Naturräume, sondern insbesondere die Menschen, denen sie unterwegs begegnet.

Alexander Luczy wurde 1939 in der ehemaligen Tschechoslowakei geboren. Er wuchs in der Hohen Tatra (Karpaten) auf. In Bratislava wurde er zum Bauingenieur ausgebildet und arbeitete nach dem Studium nebenberuflich als Bergführer. Die kommunistische Geheimpolizei wollte Alex als Spitzel anwerben, was er nicht akzeptieren konnte. Deshalb verliess er 1969 sein Land und emigrierte in die Schweiz. In seiner neuen Wahlheimat arbeitete er als Bauingenieur. Heute ist Alex pensioniert und wohnt mit seiner Familie am Fuss des Juras in Biel. Mit dem Fotografieren, das bald zu einer seiner Leidenschaften wurde, begann er als junger Mann. Seine ersten Schwarzweiss-Fotomontagen machte er in der Schweiz. Mit seinen Bildern – klassische und «montierte» – gewann er zahlreiche internationale Wettbewerbe, und sie wurden in mehreren Ländern publiziert. Seit 2001 fotografiert er digital und bearbeitet seine Aufnahmen am Computer. Er ist oft in den Alpen und im Jura unterwegs, meistens mit seiner Gattin Monique. Im Sommer zum Klettern und Wandern, im Winter auf Skitouren.